Rechnungswesen

leicht gemacht

Buchführung und Bilanz leicht &

verständlich erklärt

1. AUFLAGE

ISBN: 978-1519363596 © 2013 **Herstellung und Verlag:**

Createspace, USA

Rechtliche Vorschriften und Standarte

Die Bilanz hat 3 wesentliche Funktionen:

Dokumentationsfunktion	Gewinnermittlungsfunktion	Informationsfunktion
• Die Bilanz dient in diesem Rahmen der Nachprüfbarkeit von Geschäftsvorgängen und erfüllt somit primär rechtliche Vorgaben.	• Mit Hilfe der Bilanz ist es möglich, den Überschuss /Verlust in einer bestimmten Periode zu ermitteln. Dazu wird der das Eigenkapital zu Beginn und am Ende der Periode verglichen.	• Dritte können einen schnellen und verlässlichen Einblick in die aktuelle Vermögenslage erhalten.

Aufbau der Bilanz

Der Beginn der Betrachtung liegt in der Vorbereitung des betrieblichen Leistungsprozesses.

Wenn wir etwas verkaufen oder produzieren möchten, benötigen wir Maschinen, Material, verschiedene Wirtschaftsgüter, eine Büroausstattung und selbstverständlich auch Kapital.

Die Bilanz ist eine stichtagsbezogene Gegenüberstellung von Aktiva (Vermögen) und Passiva (Kapital) eines Unternehmens. Der Bilanzgewinn oder -verlust ergibt sich aus der Differenz zwischen Aktiva und Passiva.

glichen sein.

Darstellung der Bilanzzahlen

Die Aktive

Als Investition bezeichnet man die vorgesehene Mittelverwendung für die Aufnahme des Leistungsprozesses. Diese Daten befinden sich auf der Aktivseite der Bilanz, auch Aktiva genannt.

Nachdem uns klar ist, was wir für die Leistungserstellung benötigen, müssen wir wissen, woher wir das Kapital nehmen, welches für die Investierung notwendig ist.

Die Passive

Sowohl Eigenkapital, als auch Fremdkapital wird als Finanzierungsquelle in Frage kommen. Diese Positionen erscheinen auf der Passivseite der Bilanz, auch Passiva genannt. Diese Seite trifft somit die Aussage der Mittelherkunft

Aktiva	Passiva
Umlaufvermögen	Schulden
Anlagevermögen	Eigenkapital
Mitelverwendung = Investion	Mittelherkunft = Finanzierung

Durch eine Aufbereitung der Bilanz entsteht die Strukturbilanz, welche Grundlage für eine Analyse und damit die Berechnung von Kennzahlen ermöglicht.

Schema einer Bilanz

Aktivseite (Mittelverwendung)

A. Anlagevermögen

I. Immaterielle Vermögensgegenstände
1. Selbst geschaffene gewerbliche Schutzrechte und ähnliche Rechte und Werte;
2. Entgeltlich erworbene Konzessionen, gewerbliche Schutzrechte und ähnliche Rechte und Werte sowie Lizenzen an solchen Rechten und Werten;
3. Geschäfts- oder Firmenwert
4. geleistete Anzahlungen;

II. Sachanlagen
1. Grundstücke, grundstücksgleiche Rechte und Bauten einschließlich der Bauten auf fremden Grundstücken;
2. technische Anlagen und Maschinen;
3. andere Anlagen, Betriebs- und Geschäftsausstattung;
4. geleistete Anzahlungen und Anlagen im Bau;

III. Finanzanlagen
1. Anteile an verbundenen Unternehmen;
2. Ausleihungen an verbundene Unternehmen;
3. Beteiligungen;
4. Ausleihungen an Unternehmen, mit denen ein Beteiligungsverhältnis besteht;
5. Wertpapiere des Anlagevermögens;
6. sonstige Ausleihungen

B. Umlaufvermögen

I. Vorräte Vorratsvermögen
1. Rohstoffe, Hilfsstoffe und Betriebsstoffe;
2. unfertige Erzeugnisse, unfertige Leistungen;
3. fertige Erzeugnisse und Waren;
4. geleistete Anzahlungen

II. Forderungen und sonstige Vermögensgegenstände
1. Forderungen aus Lieferungen und Leistungen
2. Forderungen gegen verbundene Unternehmen;
3. Forderungen gegen Unternehmen, mit denen ein Beteiligungsverhältnis besteht;
4. sonstige Vermögensgegenstände.

III. Wertpapiere

Passivseite (Mittelherkunft)

A. Eigenkapital

I. Gezeichnetes Kapital
II. Kapitalrücklage
III. Gewinnrücklagen
1. gesetzliche Rücklagen;
2. Rücklage für Anteile an einem herrschenden oder mehrheitlich beteiligten Unternehmen;
3. satzungsmäßige Rücklagen;
4. andere Gewinnrücklagen;

IV. Gewinnvortrag/Verlustvortrag.
V. Jahresüberschuss/Jahresfehlbetrag.
VI. (n.U.) Nicht durch Eigenkapital gedeckter Fehlbetrag

B. Rückstellungen
1. Rückstellungen für Pensionen und ähnliche Verpflichtungen
2. Steuerrückstellungen
3. sonstige Rückstellungen

C. Verbindlichkeiten
0. Anleihen, davon konvertibel;
1. Verbindlichkeiten gegenüber Kreditinstituten;
2. erhaltene Anzahlungen auf Bestellungen;
3. Verbindlichkeiten aus Lieferungen und Leistungen;
4. Verbindlichkeiten aus der Annahme gezogener Wechsel und der Ausstellung eigener Wechsel;
5. Verbindlichkeiten gegenüber verbundenen Unternehmen;
6. Verbindlichkeiten gegenüber Unternehmen, mit denen ein Beteiligungsverhältnis besteht;
7. sonstige Verbindlichkeiten, davon aus Steuern, davon im Rahmen der sozialen Sicherheit.

D. Rechnungsabgrenzungsposten
E. Passive (latente) Steuern

Bilanzsumme

Durch die Tätigkeit werden anderseits auch Umsatzerlöse erzielt, welche in der Gewinn- und Verlustrechnung (GuV) dargestellt werden. Auf der Sollseite stehen dabei alle Aufwendungen, auf der Habenseite alle Umsatzerlöse. Die Differenz der beiden Summen zeigt den Gewinn oder Verlust an.

Im Einzelnen sind folgende Schritte erforderlich:

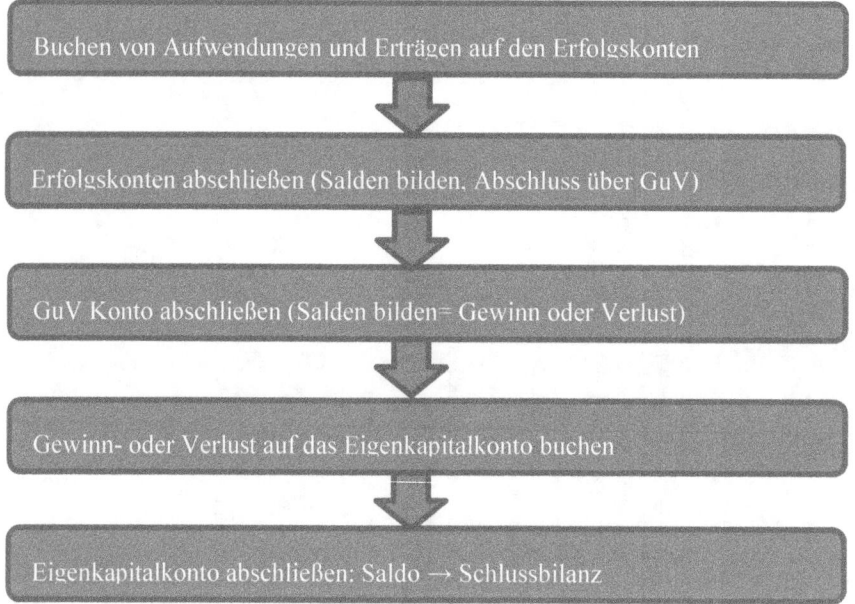

Betrieblicher Leistungsproz

- Produktion
- Verkauf
- Vermittlung
- Auftragsdurchführung

Kosten

- Lohn
- Material
- Sachkosten / sonst. Kosten

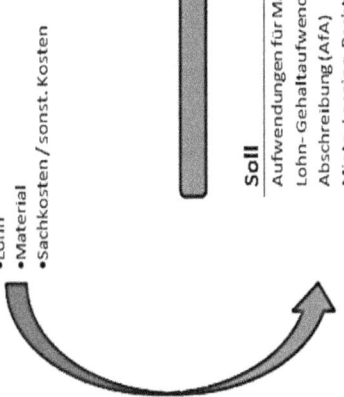

Gewinn- und Verlustrechnu

Soll

Aufwendungen für Material
Lohn- Gehaltaufwendungen
Abschreibung (AfA)
Miete, Leasing, Pacht
Fahrzeugkosten
Energie
Büro, Telefon etc.

Umsatzerlöse n
Umsatzerlöse n
Steuerfreie Um:

Betrieblicher Leistungs[...]

- Produktion
- Verkauf
- Vermittlung
- Auftragsdurchführung

Kosten

- Lohn
- Material
- Sachkosten / sonst. kosten

Gewinn- und Verlustrec[...]

Umsatzerl[...]
Umsatzerl[...]
Steuerfrei[...]

Soll

Aufwendungen für Material
Lohn- Gehaltaufwendungen
Abschreibung (AfA)
Miete, Leasing, Pacht
Fahrzeugkosten
Energie
Büro, Telefon etc.

4530	Büromaterial	3.100,00 €	
4570	Kfz-Unterhalt	10.950,00 €	
8090	Erlöse aus selbst hergestellten Erzeugnissen		1.210.000,00 €
8290	Erlöse aus Lohnaufträgen		220.000,00 €
8600	Erlösschmälerung	83.500,00 €	
8790	Bestandsveränderung		27.000,00 €
9000	Außerordentliche Aufwendungen	4.400,00 €	
9050	Außerordentliche Erträge		17.800,00 €
9100	Betriebsfremde Aufwendungen	15.000,00 €	
9150	Betriebsfremde Erträge		15.700,00 €
9300	Zins- und Diskontaufwendungen	36.800,00 €	
9410	Erträge aus Wertpapieren des Finanzanlagevermögens		6.500,00 €
9500	Bilanzielle Abschreibung auf Gebäude	7.250,00 €	
9510	Bilanzielle Abschreibung auf Kraftfahrzeuge	14.550,00 €	
9520	Bilanzielle Abschreibung auf sonstiges Anlagevermöger	36.500,00 €	
9530	Bilanzielle Abschreibung auf immaterielle Vermögens-gegenstände des Anlagevermögens	3.950,00 €	
9560	Bilanzielle Abschreibung auf das Umlaufvermögen	10.850,00 €	
		1.248.750,00 €	1.497.000,00 €
	Jahresüberschuss (Gewinn)	248.250,00 €	
		1.497.000,00 €	1.497.000,00 €

alle Vermögensgegenstände in ihrem Wert in Euro bilanziert. Bei einer übersichtlichen Anzahl an Positionen und Werten kann dies eine simple Angelegenheit sein, bei dem z.b. einfach die komplette Büroausstattung katalogisiert, das Auto verwertet und der Girokontostand sowie der Kassenstand abgefragt bzw. gezählt wird.

II. Die Vermögensgegenstände aus der Inventur werden nun in größere Positionen zusammengefasst. Welche diese sind, ist abhängig von den jeweiligen Branchenregeln. Immer gibt es aber beispielsweise die Positionen Grundstücke, Technische Anlagen und Maschinen, Vorräte, Forderungen, flüssige Mittel, Eigenkapital, Rückstellungen und Verbindlichkeiten.

III. Die gerade genannten Positionen werden als Bestandskonten bezeichnet. Nachdem diese beim Erstellen feststehen, muss nur noch geprüft werden, ob es sich um aktive oder passive Bestandskonten handelt. Die aktiven Bestandskonten werden auf die linke Seite einer Bilanz gestellt und die passiven auf die rechte Seite. Beide Seiten müssen immer die gleiche Summe erreichen.

IV. Aktive Bestandskonten sind das Anlage- und das Umlaufvermögen. Sie werden von oben nach unten in ihrer Liquidität aufgeführt, also in der Geschwindigkeit, in der sie als Geldwert zur Verfügung stehen. Das

VI. Beim Erstellen der ersten Bilanz eines (kleinen) Unternehmens kann es vorkommen, dass das Eigenkapital errechnet werden muss. Da beide Seiten der Bilanz ausgeglichen sein müssen, ergibt sich die Höhe des Eigenkapitals aus der Höhe der aktiven Bestandskonten minus der Fremdkapitalmittel.

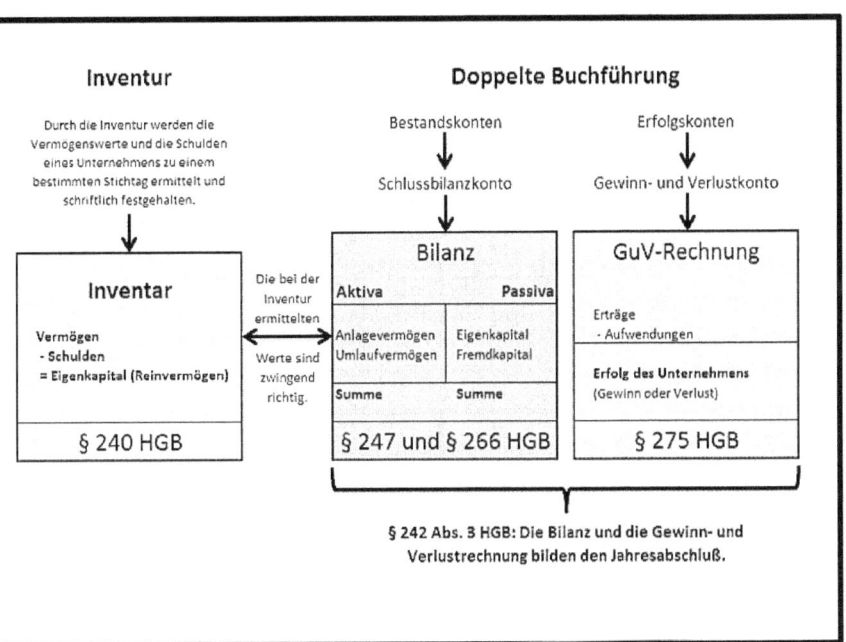

Inventur

genstände, Bankguthaben und –schulden, Verbindlichkeiten an Lieferanten und Banken und Forderungen an Kunden festgehalten. Diese Werte können wertmäßig nur von buchhalterischen Aufzeichnungen festgestellt werden.

<u>Die Verpflichtung zur Inventur besteht wenn:</u>

- ein Unternehmen gegründet oder übernommen wird (§240 HGB und §§140f. AO)

- Am Ende eines Geschäftsjahres.

- Wenn das Unternehmen aufgelöst oder veräußert wird (§240 HGB und §§140f. AO).

tung vorgenommen werden.

Die permanente Inventur

Bei der permanenten Inventur wird gänzlich auf die körperliche Bestandsaufnahme zu einem bestimmten Stichtag verzichtet. Zwar wird das gesamte Inventar während des Jahres einmal körperlich erfasst, allerdings nicht auf einmal, sondern die Inventur findet nebenher das ganze Jahr über statt.

Die Stichprobeninventur

Die Stichprobeninventur ermittelt den Bestand basierend auf Stichproben mit Hilfe von mathematisch-statistischen Verfahren.

Die Ergebnisse der Inventur müssen in einem dreigeteilten Verzeichnis nach vorgegebenen Regeln zusammengefasst werden.

Das Verzeichnis unterteilt sich in:

- Vermögen (geordnet nach der Flüssigkeit der einzelnen Positionen)

- Schulden (geordnet nach der Fälligkeit)

- Reinvermögen oder Eigenkapital (entspricht dem Vermögen minus der Schulden)

Jeder Artikel ist in der Regel einzeln aufzunehmen und zu bewerten, da grundsätzlich die

Nach §252 Abs.1 Nr. 3, HGB, ist jeder Vermögensgegenstand und Schuldposten einzeln zu bewerten. Hierbei ist die sogenannte Verkehrsfähigkeit maßgeblich, d.h., jeder selbständig nutzbare Gegenstand ist dabei eine verkehrsfähige und damit eine bewertungsfähige Einheit. Da schon einzelne Schrauben oder Kleinteile verkehrsfähig sein können, wäre die Einzelbewertung in großen Lägern viel zu aufwändig und kostenmäßig nicht zu vertreten. Der Gesetzgeber hat daher drei wesentliche Arten von Erleichterungen bei Erfassung und Bewertung vorgesehen:

- Gleichbewertung: Vermögensgegenstände des Sachanlagevermögens sowie Roh-, Hilfs- und Betriebsstoffe können, wenn sie regelmäßig ersetzt werden und ihr Gesamtwert für das Unternehmen von nachrangiger Bedeutung ist, mit einer gleichbleibenden Menge und einem gleichbleibenden Wert angesetzt werden. Eine körperliche Bestandsaufnahme (Inventur) ist dann nur alle drei Jahre notwendig.
- Durchschnittsbewertung: Gleichartige Vermögensgegenstände können jeweils zu einer Gruppe zusammengefasst und mit dem gewogenen Durchschnittswert angesetzt werden.
- Verbrauchsfolgebewertung: Für den Wertansatz gleichartiger Vermögensgegenstände des Vorratsvermögens darf unterstellt werden, dass die zuerst

Beispiel – Inventar

A. Vermögen	EURO

I. Anlagevermögen
1. Immaterielle Vermögensgegenstände _____
2. Grund und Boden _____
3. Gebäude _____
4. Technische Anlagen und Maschinen _____
5. Fuhrpark _____
6. Betriebs- und Geschäftsausstattung _____
7. Ladeneinrichtung _____
8. Finanzanlagen _____

II. Umlaufvermögen
1. Rohstoffe _____
2. Hilfsstoffe _____
3. Betriebsstoffe _____
4. Unfertige Erzeugnisse _____
5. Fertige Erzeugnisse _____
6. Handelswaren _____
7. Forderungen aus Lieferungen und Leistungen _____
8. Sonstige Forderungen _____
9. Bankguthaben _____
10. Kassenbestand _____

Summe des Vermögens _____

B. Schulden

I. Langfristige Schulden
1. Hypotheken _____
2. Darlehen _____

II. Kurzfristige Schulden
1. Verbindlichkeiten aus Lieferungen und Leistungen _____
2. Sonstige Verbindlichkeiten _____

III.

Summe der Schulden _____

C. Ermittlung des Eigenkapitals

    Summe des Vermögens _____
− Summe der Schulden _____

= Reinvermögen (Eigenkapital) _____

Schulden errechnet sich das Reinvermögen (beziehungsweise das Eigenkapital).

a. Vermögen

Zu den Vermögensteilen gehören:

I. Anlagevermögen

Unter dem Anlagevermögen zählen alle Vermögensteile, die dem Unternehmen in der Regel langfristig dienen, wie

- Grund und Boden
- Gebäude
- Maschinen
- Fahrzeuge
- Betriebs- und Geschäftsausstattung (BGA)

Das Anlagevermögen bildet damit die Grundlage der Betriebstätigkeit

II. Umlaufvermögen

Unter dem Umlaufvermögen zählen alle Vermögensteile, die ständig umgesetzt werden und nur kurzfristig im Unternehmen verbleiben.

Hierzu zählt man:

Schulden stellen das im Unternehmen arbeitende Fremdkapital dar. Sie werden nach der Fälligkeit/ Dringlichkeit/
Fristigkeit der Zahlung eingeteilt in:

I.   Langfristige Schulden

- Hypotheken
- Darlehen
- Langfristige Kredite

II.   Kurzfristige Schulden

- Kurzfristige Kredite
- Kurzfristige Verbindlichkeiten

c. **Eigenkapital (Reinvermögen)**

Nach Abzug der Schulden vom Vermögen verbleibt das
im Unternehmen befindliche Eigenkapital
(Reinvermögen).

```
      Summe des Vermögens
-     Summe der Schulden
=     Eigenkapital (Reinvermögen)
```

Vom Inventar zur Bilanz

Inventar

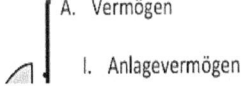

A. Vermögen

I. Anlagevermögen

stimmten Zeitraum.

Jeder Geschäftsvorfall führt zur Veränderung der Bilanz, bei der immer mindestens zwei Bilanzpositionen betroffen sind. Daher ist es unzweckmäßig bei jeder Änderung eine neue Bilanz aufzustellen. Daher belässt man es, die Bilanz als kurzgefasste Gegenüberstellung aller Vermögens- und Kapitalwerte des Unternehmens zu einem bestimmten Zeitpunkt zu nutzen und die Konten (in dem Fall Bestandskosten) zur zwischenzeitlichen Erfassung der Wertbewegungen zu nutzen.

Bei der Auflösung der Bilanz in Bestandskonten wird wie folgt verfahren:

Aktiva	Eröffnungsbilanz	Passiva

Soll	Aktive Bestandskonten	Haben	Soll	Passive Bestandskonten	Haben
Anfangsbestand				Anfangsbestand	
Zugänge				Zugänge	

- Die Bilanzsumme nimmt durch die Mehrung des Aktivpostens verbunden mit der Mehrung des Passivposten zu. *Beispiel: Gutschrift eines gewährten Bankdarlehns in Höhe von 10.000,00 Euro auf das Bankkonto*

- Die Bilanzsumme nimmt durch die Minderung des Aktivpostens bei gleichzeitiger Minderung des Passivpostens ab. *BeispielTilgung eines Bankdarlehens in Höhe von 10.000,00 Euro aus dem Guthabne des Bankkontos*

Bei allen vier Möglichkeiten bleibt die Bilanzgleichheit beider Bilanzseiten gewahrt.

Bildung der Bestandskonten

Für jeden Bilanzposten wird mindestens ein Konto eingerichtet. Bei einer Reihe von Bilanzposten wird aus praktischen Gründen der Bilanzwert aufgegliedert und auf mehrere Konten aufgeteilt so zum Beispiel der Bilanzposten „Kassenbestand und Guthaben bei Kreditinstituten" auf die Konten „Kasse" und „Bank".

Aktiva		Bilanz	Passiva
Waren	19.000,00		29.500,00
Forderungen aus L+L	5.000,00	Verbindlichkeiten aus L+L	500,00
Kassenbestand und Gut-Haben bei Kreditinstituten	6.000,00		
	30.000,00		30.000,00

Soll	Saldenvorträge		Haben
Eigenkapital	29.500,00	Waren	19.000,00
Verbindlichkeiten aus L+L	500,00	Forderungen aus L+L	5.000,00
		Kasse	1.000,00
		Bank	5.000,00
	30.000,00		30.000,00

konten

Aktivkonten   **Passivkonten**

Soll	Warenbestand	Haben
AB	19.000,00	

Soll	Eigenkapital	Haben
	AB	29.500,00

Soll	Forderungen a. L+L	Haben
AB	5.000,00	

Soll	Verbindl. a. L+L	Haben
	AB	500,00

Soll	Kasse	Haben
AB	1.000,00	

Soll	Bank	Haben
AB	5.000,00	

Aktivkonten werden aus der Aktivseite der Bilanz gebildet.

Passivkonten werden aus der Passivseite der Bilanz gebildet.

Beispiele für die Buchung von Beginn bis Ende des Geschäftsjahres

I. Eröffnungsbuchungen

a) Einzahlung von 2.000,00 Euro aus der Kasse auf das Bankkonto

Aktivkonten

Soll	Kasse	Haben	
AB 3.000,00		2.000,00	(Minderung)

Soll	Bank	Haben
AB	10.000,00	

b) Zahlung einer Verbindlichkeit aus Lieferungen und Leistungen in Höhe von 3.000,00 Euro durch Banküberweisung

Aktivkonten   Passivkonten

Soll	Bank	Haben		Soll	Verb. LuL	Haben
AB	10.000,00	3.000,00	⟷	3.000,00	AB	9.000,00
+	2.000,00					

3. Schritt – Kontenabschluss zum Ende des Geschäftsjahres

Die in der Bilanz auf der Aktiva (linke Seite) befindlichen Vermögensgegenstände bilden die aktiven Bestandskonten, auch Aktivkonten genannt.

Seite.

- Die Wahrung des Bilanzgleichgewichts erfordert im Rahmen der doppelten Buchführung für jede Buchung eine Gegenbuchung. Eine Gleichheit auf den einzelnen Konten während eines bestimmten Zeitraums besteht nicht. Die Gleichheit der zwei Bilanzseiten unter Berücksichtigung aller Konten geht jedoch nicht verloren.
- Am Ende eines bestimmten Zeitraumes stellt man den Saldo (Differenz) zwischen dem Anfangsbestand und Mehrungen, sowie Minderungen fest. In der Praxis stellt dies den tatsächlichen buchmäßigen Bestand (End-/Schlussbestand) des Einzelkontos dar.
- Trägt man diesen Saldo auf die summenschwächere Seite des Kontos ein und führ die Gegenbuchung auf einem Sammelkonto aller Schlussbestände auf dem Schlussbilanzkonto durch, dann ergibt sich hieraus die Schlussbilanz.

Somit ergibt sich nachfolgendes schematisches Kontenbild:

Soll	Aktivkonto	Haben
AB		- Minderungen
+ Mehrungen		Schlussbestand

Soll	Passivkonto	Haben
-Minderungen		AB
Schlussbestand		+Mehrungen

Praktisch entnimmt man der Eröffnungsbilanz des jeweiligen Geschäftsjahres, die entsprechend dem Grundsatz der Bilanzidentität der Schlussbilanz des vorangegangenen Geschäftsjahres entspricht, die einzelnen Bilanzpositionen und bildet daraus die Bestandskonten mit ihren Anfangsbeständen.

Aktivseite der Bilanz	=	aktive Bestandskonten
Passivseite der Bilanz	=	passive Bestandskonten

Anschließend werden die einzelnen Geschäftsvorfälle auf der Grundlage der entsprechenden Belege, z.B. Eingangsrechnungen, Ausgangsrechnungen, Kassenbelege etc. gebucht.

Laufende Buchführung

Verluste-Konto) gegeneinander aufgerechnet und die Summe wird als Gewinn oder Verlust dem Eigenkapital zugerechnet.

E-Bilanz

Als Elektronische Bilanz (E-Bilanz) die elektronische Übermittlung einer Unternehmensbilanz an das zuständige Finanzamt bezeichnet. Grundsätzlich sind die Inhalte der Bilanz und Gewinn- und Verlustrechnung für Wirtschaftsjahre, die nach dem 31.12.2011 beginnen, durch Datenfernübertragung zu übermitteln.

Mit dem Steuerbürokratieabbaugesetz (SteuBAG) will der Gesetzgeber eine Erleichterung bei der Steuererhebung und einen Abbau der Bürokratie „im Interesse von Bürgerinnen und Bürgern, Unternehmen und Staat" erreichen. Durch die elektronische Übermittlung der Steuerbilanz sollen Fehlübertragungen zwischen der Papierform und den gespeicherten Daten vermieden, Prozesse effizienter gestaltet und umfassende Datenauswertungsmöglichkeiten seitens der Finanzverwaltung geschaffen werden.

Nach § 5b EStG besteht für Steuerpflichtige, die ihren Gewinn nach § 4 Absatz 1, § 5 oder § 5a EStG ermitteln, die Verpflichtung, den Inhalt der Bilanz sowie der Gewinn- und Verlustrechnung nach amtlich vorgeschriebenem Datensatz durch Datenfernübertragung zu übermitteln. Nach § 51 Absatz 4 Nummer 1b EStG ist das Bundesministerium der Finanzen ermächtigt, im Einverneh-

aufzustellende Bilanz ist durch Datenfernübertragung zu übermitteln.

Zur Vermeidung unbilliger Härten wird es in den Fällen eine Übergangszeit nicht beanstandet, wenn die Inhalte der Bilanz und Gewinn- und Verlustrechnung erstmals für Wirtschaftjahre, die nach dem 31. Dezember 2014 beginnen, durch Datenfernübertragung übermittelt werden; das gilt allerdings jedoch nur, soweit sie auf die Ergebnisse der ausländischen Betriebsstätte entfallen. In dieser Übergangszeit kann die Bilanz sowie die Gewinn- und Verlustrechnung in Papierform abgegeben werden; eine Gliederung gemäß der Taxonomie ist dabei nicht erforderlich.

Taxonomie (Datenschema für Jahresabschlussdaten)

Eine Taxonomie ist ein Datenschema für Jahresabschlussdaten. Durch die Taxonomie werden die verschiedenartigen Positionen definiert, aus denen z. B. eine Bilanz oder eine Gewinn- und Verlustrechnung bestehen kann (also etwa die Firma des Kaufmanns

KredV bilanzieren)
- Versicherungstaxonomie (für alle Unternehmen die nach RechVersV beziehungsweise RechPensV bilanzieren - hierunter fallen auch Pensionskassen)

Das Bundesamt für Finanzen stellt unter *www.e-steuer.de* entsprechende nähere Informationen und Downloads zur Verfügung.

Die elektronische Übermittlung der Inhalte der Bilanz und der Gewinn- und Verlustrechnung erfolgt grundsätzlich nach der Kerntaxonomie. Sie beinhaltet die Positionen für alle Rechtsformen, wobei im jeweiligen Einzelfall nur die Positionen auszufüllen sind, zu denen auch tatsächlich Geschäftsvorfälle vorliegen.

Für bestimmte Wirtschaftszweige wurden Branchentaxonomien

erstellt, die in diesen Fällen für die Übermittlung der Datensätze zu

verwenden sind. Dies sind Spezialtaxonomien (Banken und Versicherungen) oder Ergänzungstaxonomien (Wohnungswirtschaft, Verkehrsunternehmen, Land- und Forstwirtschaft,

Krankenhäuser, Pflegeeinrichtungen, Kommunale Eigenbetriebe).

Individuelle Erweiterungen der Taxonomien können nicht übermittelt werden.

sition

entspricht, mit denen diese Positionen rechnerisch verknüpft sind. Oberpositionen, die über rechnerisch verknüpften Mussfeldern stehen, sind als Summenmussfelder gekennzeichnet. Werden z. B. im Datenschema rechnerisch in eine Oberposition verknüpfte Positionen übermittelt, so ist auch die zugehörige Oberposition mit zu übermitteln.

Die Taxonomie enthält die für den Mindestumfang im Sinne der §§ 5b, 51 Absatz 4 Nummer 1b EStG erforderlichen Positionen, die mit den am Bilanzstichtag vorhandenen Daten der einzelnen Buchungskonten auszufüllen sind. Dies gilt in Abhängigkeit davon, ob ein derartiger Geschäftsvorfall überhaupt vorliegt und in welchem Umfang diese Angaben für Besteuerungszwecke benötigt werden.

Folgende Positionseigenschaften sind hierbei zu unterscheiden:

Muss-Felder

Die in den Taxonomien als „Mussfeld" gekennzeichneten Positionen sind zwingend auszufüllen (Mindestumfang). Bei Summenmussfeldern gilt dies auch für die darunter liegenden Ebenen. Es wird elektronisch geprüft, ob formal alle Mussfelder in den übermittelten Datensätzen enthalten sind. Sofern sich ein Mussfeld

Auffangpositionen

Um Eingriffe in das Buchungsverhalten zu vermeiden, aber dennoch einen möglichst hohen Grad an Standardisierung zu erreichen, sind im Datenschema der Taxonomie Auffangpositionen eingefügt (erkennbar durch die Formulierungen im beschreibenden Text „nicht zuordenbar" in der Positionsbezeichnung). Ein Steuerpflichtiger, der eine durch Mussfelder vorgegebene Differenzierung für einen bestimmten Sachverhalt nicht aus der Buchführung ableiten kann, kann zur Sicherstellung der rechnerischen Rich tigkeit für die Übermittlung der Daten alternativ die Auffangpositionen nutzen.

Ausnahmeregelungen für bestimmte Berichtsteile/Positionen sind Kapitalkontenentwicklung für Personenhandelsgesellschaften und andere Mitunternehmerschaften. Die in diesem Bereich als Mussfelder gekennzeichneten Positionen sind für eine verpflichtende Übermittlung erst für Wirtschaftsjahre vorgesehen, die nach dem 31. Dezember 2014 (Übergangsphase) beginnen. In der Übergangsphase werden die nach Gesellschaftergruppen zusammengefassten Mussfelder der Kapitalkontenentwicklung in der Bilanz erwartet, sofern keine Übermittlung im eigenen Teil „Kapitalkontenentwicklung für Personenhandelsgesellschaften und andere Mitunternehmerschaften" erfolgt. Wird in dieser Übergangsphase der eigene Berichtsbestandteil Kapitalkontenentwicklung dennoch

standteil „Steuerliche Modifikationen" übermittelt werden.

Abschreibungen auf immaterielle Vermögensgegenstände des Anlagevermögens und Sachanlagen

Die Positionen in den Ebenen unter „Abschreibungen auf immaterielle Vermögensgegen-stände des Anlagevermögens und Sachanlagen" könn

en ohne Wert (NIL-Wert) übermittelt werden, wenn der Datensatz die Angaben in einem freiwillig übermittelten Anlagespiegel im XBRL-Format enthält.

Zusätzlich einzureichende Unterlagen

Die zusätzlichen nach § 60 Abs. 3 EStDV der Steuererklärung beizufügenden Unterlagen können in den entsprechenden Berichtsteilen der Taxonomie durch Datenfernübertragung übermittelt werden.

Die Taxonomie wird regelmäßig auf notwendige Aktualisierungen geprüft und um Branchentaxonomien erweitert.

Strukturbilanz

Die Erstellung einer Strukturbilanz dient der leichteren Verständlichkeit der Bilanz eines Unternehmens und damit der direkten Vergleichbarkeit mit anderen Mitbewerbern.

Zur Analyse einer Bilanz werden einzelne Unternehmensposten zusammengefasst. So ist die Ermittlung aussagekräftiger Kennzahlen möglich. Diese Zusammenfassung wird Strukturbilanz genannt.

Die Aktivseite der Strukturbilanz zeigt die Vermögensverhältnisse auf, während die Passivseite die Kapitalstruktur näher betrachtet.

Strukturbilanz	
Anlagevermögen	**Eigenkapital**
• Immaterielles Anlagevermögen • Sachanlagen • Finanzanlagen • Forderungen >1 Jahr	• Gezeichnetes Kapital • Kapitalrücklagen • Gewinnrücklagen • Gesellschafterdarlehn • Sonstige Hinzurechnungen (Disagio, nicht ausgewiesene Rückstellungen etc.)
Umlaufvermögen	**Berücksichtigung der Gewinnverwendung**
• Vorräte • Forderungen <1Jahr • Wertpapiere (Eigenanteile etc.) • Liquide Mittel • Aktive Rechnungsabgrenzungsposten	• +/- Jahresüberschuss/-fehlbetrag • +/- Gewinn-/Verlustvortrag • - auszuschüttender Betrag
	Langfristiges Fremdkapital
	• Pensionsrückstellungen • Verbindlichkeiten (>/= 5 Jahre)
	Mittelfristiges Fremdkapital
	• Verbindlichkeiten • +/- Gewinn-/Verlustvortrag • Verbindlichkeiten von 1-5 J. Laufzeit
	Kurzfristiges Fremdkapital
	• Steuern und sonst. Rückstellungen • Verbindlichkeiten <1 Jahr • Passiver Rechnungsabgrenzungsposten • Dividendenausschüttungen

Bewertung der Bilanz (Bilanzanalyse)

geschrieben.

2. Bilanzstruktur

Eine Bilanzstruktur ist das Ergebnis der aufbereiteten Bilanz. Aus ihr lässt sich bereits deutlicher der Vermögens- und Kapitalaufbau des Unternehmens ablesen.

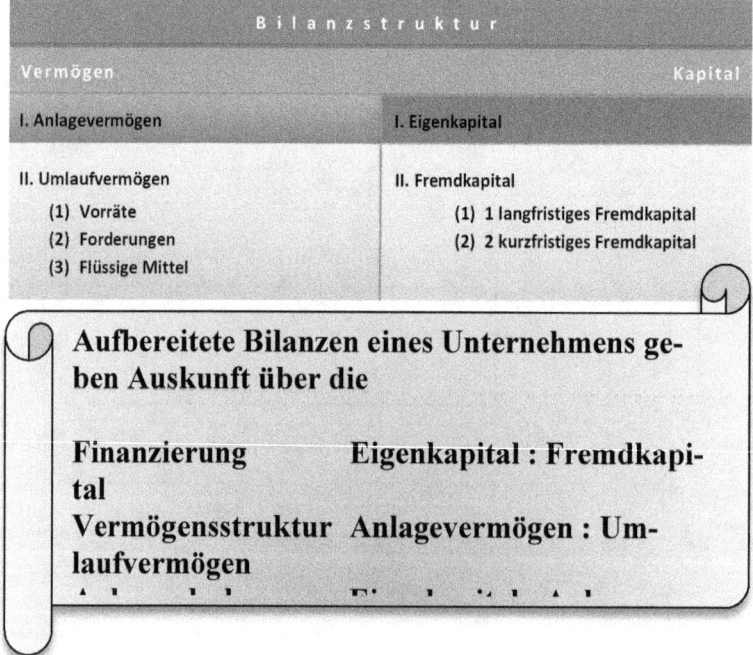

Bilanzstruktur

Vermögen	Kapital
I. Anlagevermögen	I. Eigenkapital
II. Umlaufvermögen	II. Fremdkapital
(1) Vorräte	(1) 1 langfristiges Fremdkapital
(2) Forderungen	(2) 2 kurzfristiges Fremdkapital
(3) Flüssige Mittel	

Aufbereitete Bilanzen eines Unternehmens geben Auskunft über die

Finanzierung   **Eigenkapital : Fremdkapital**

Vermögensstruktur Anlagevermögen : Umlaufvermögen

Die Bilanzkritik beruht stets auf dem Prinzip des Bilanzvergleiches, d.h. die Resultate einer Jahresbilanz werden mit anderen Jahren verglichen, um so lang- oder kurzfristige Entwicklungen aufdecken zu können. Grundsätzlich unterscheidet man zwischen interner und externer Bilanzkritik. Eine interne Bilanzkritik dient der Erfolgskontrolle durch die Unternehmensführung, eine externe dagegen der Einschätzung des Unternehmens durch Außenstehende, etwa durch Finanziers. Ein wichtiger technischer Unterschied zwischen beiden Formen der Bilanzkritik besteht darin, dass die externe Kritik in der Regel nur auf die veröffentlichte Bilanz zurückgreifen kann, während eine interne Kritik auch Zugriff auf weitere Geschäftsunterlagen (Korrespondenzen, laufende Buchhaltung etc.) hat.

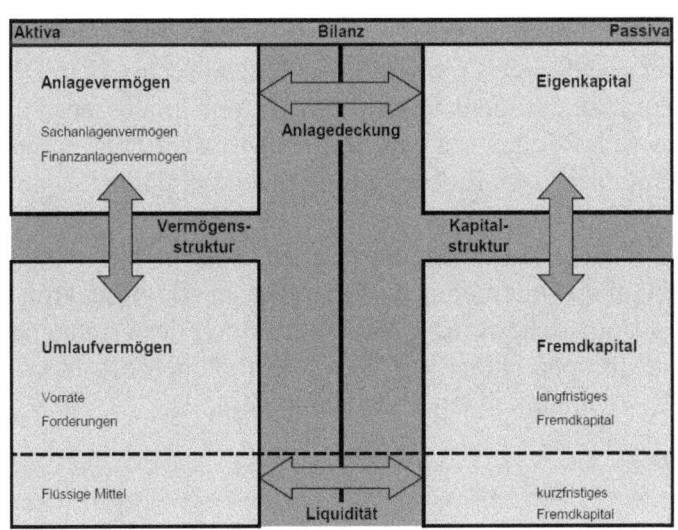

Anlagenintensität des Unternehmens bestimmt.

Anlagenintensive Betriebe (z.B. Stahl- und Energiebetriebe) benötigen eine höhere Ausstattung an Eigenkapital als beispielsweise verarbeitende Unternehmen. Eine allgemein gültige Regel über das Verhältnis des Eigenkapitals zum Fremdkapital gibt es daher nicht. Die wirtschaftliche und finanzielle Stabilität eines Unternehmens wird aber generell durch ein höheres Eigenkapital bestimmt. Der Anteil des Eigenkapitals im Verhältnis zum Gesamtkapital zeigt somit den Grad der finanziellen Unabhängigkeit und ist Maßstab für die Kreditwürdigkeit und Krisenfestigkeit eines Unternehmens.

Verschuldungsgrad

Der Verschuldungsgrad wird auch als Verschuldungskoeffizient bezeichnet und definiert gibt das Verhältnis zwischen dem bilanziellen Fremd- und Eigenkapital eines Unternehmens an. Hierbei handelt es sich folglich um eine betriebswirtschaftliche Kennzahl, die den Grad der Fremdfinanzierung prozentual darstellt.

Ein höherer Verschuldungsgrad spiegelt einen hohen Anteil von Fremdkapital im Unternehmen wieder, was in aller Regel mit einer negativen Bonitätsbewertung und somit auch der Kreditchancen sowie -konditionen einhergeht. Das Unternehmen begibt sich somit in die Abhängigkeit externen Gläubigern.

Der Grad der Selbstfinanzierung errechnet sich aus dem zur Verfügung stehenden Eigenkapital durch das Gesamtkapital.

Der Grad der Selbstfinanzierung kann nie größer als 1 werden. Je näher der Wert an 1 heran rückt, desto günstiger sind die Konditionen für aufzunehmende Kredite.

Kennzahlen der Kapitalstruktur (Finanzierung)

Eigenkapitalquote

Definition: Die Eigenkapitalquote bezeichnet den Anteil des Eigenkapitals am Gesamtkapital (Bilanzsumme), ausgedrückt in Prozent.

Sie ist einer der Indikatoren für das Risiko und die Bonität eines Unternehmens.

Formel:

$$\frac{Eigenkapital}{Gesamtkapital} \times 100 = Eigenkapitalquote$$

Interpretation:

hohe Eigenkapitalquote

genannt, ist eine Bilanzkennzahl zur Analyse der Kapitalstruktur von Unternehmungen.

Mit ihm soll das Kapitalrisiko für Investoren beurteilt werden.

Formel:

$$\frac{Fremdkapital}{Gesamtkapital} \, x \, 100 = Anspannungskoeffizient$$

Interpretation:

hoher Anspannungskoeffizient

- Indikator für zunehmende Schwierigkeiten bei der zukünftigen Verschuldung

- Risiko der Kündigung von Krediten steigt

Gewinnschwellenberechnung (Break-even-Point)

Der Break Even Point (Abkürzung BEP) ist der Punkt, an dem die Erlöse und die Kosten identisch sind und somit weder Verlust noch Gewinn erwirtschaftet wird.

Bei der graphischen Ermittlung des Gewinnschwellenpunktes geht man folgender Maßen vor:

- **1. Schritt:** Darstellung der Fixkosten
- **2. Schritt:** Darstellung der Kostenfunktion
- **3. Schritt:** Darstellung der Umsatzfunktion
- **4. Schritt:** Break Even Point bestimmen

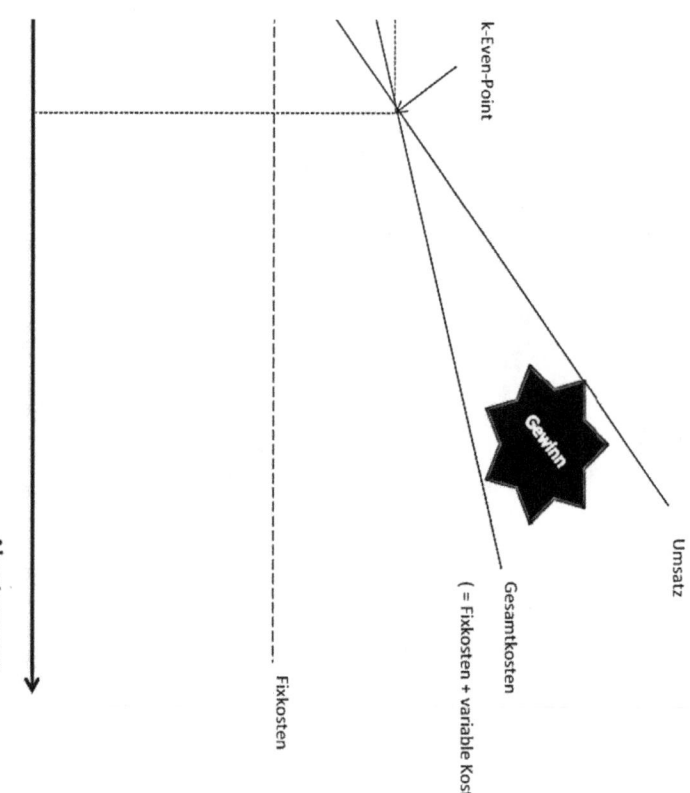

Absatzmenge

k-Even-Point

Umsatz

Gesamtkosten
(= Fixkosten + variable Kosten)

Gewinn

Fixkosten

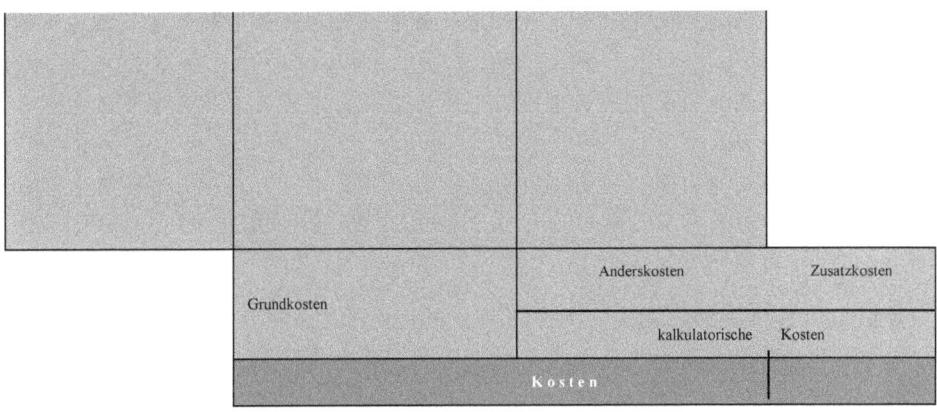

	Anderskosten	Zusatzkosten
Grundkosten		
	kalkulatorische	Kosten
Kosten		

Abgrenzungen

- Aufwand

Als Aufwand bezeichnet man alle während einer Rechnungsperiode erfassten Geschäftsvorgänge, die eine Minderung des Eigenkapitals verursachen. Ausgenommen davon bleiben Privatentnahmen und Kapitalherabsetzungen.

- Kosten

Als Kosten bezeichnet man den in Geld bewerteten Verbrauch (Verzehr) von Gütern und Dienstleistungen, der bei der Erstellung betrieblicher Leistungen anfällt.

Merke: Neutrale Aufwendungen stellen keine Kosten dar!

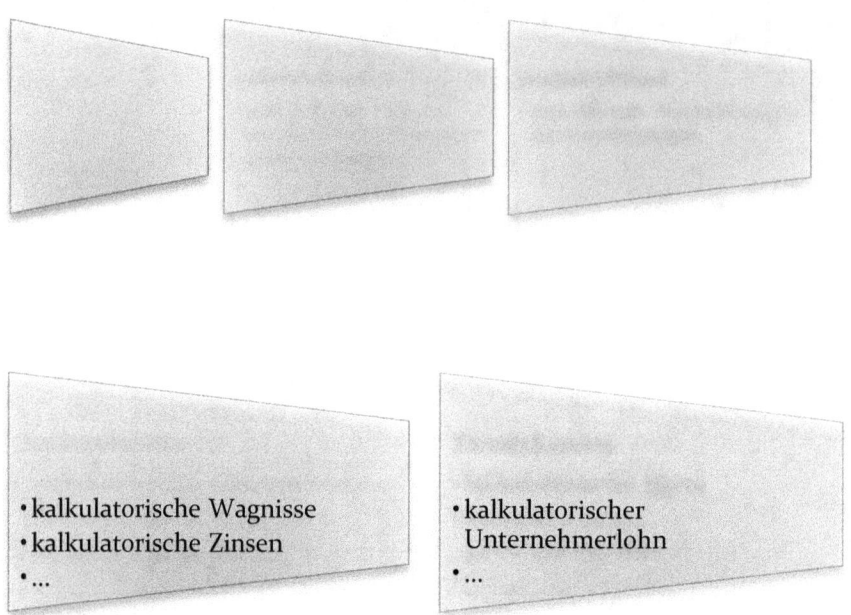

* kalkulatorische Wagnisse
* kalkulatorische Zinsen
* ...

* kalkulatorischer
  Unternehmerlohn
* ...

Systeme der Kostenrechnung

Kostenrechnungssysteme sind eine zur Erfüllung bestimmter
Rechnungszwecke oder Rechnungsbereiche konzipierte Gesamtheit von Regeln zur Erfassung, Auswertung von Kosten. Die Differenzierung erfolgt in der Regel anhand der Kriterien:

- Zeitbezug der Kostengrößen: Es werden IST-
  Kostenrechnung, Normalkostenrechnung und
  Plankostenrechnung unterschieden.
- Art und Umfang der Kostenverrechnung: Es wird
  zwischen Teil- und Vollkostenrechnung unterschieden.

Kostenartenrechnung

In der Kostenartenrechnung werden die Kosten, die in einem Unternehmen entstanden sind erfasst und nach bestimmten Kriterien
eingeteilt.

Die Ergebnisse der Kostenartenrechnung bilden die Grundlage
für die Kostenstellen- und Kostenträgerrechnung.

Kosten Zuordnung	
• kalkulatorische Kosten	• Entwicklungskosten

Materialkosten

Unter den Begriff Materialkosten versteht man jene Kosten, die durch den Materialeinsatz im Betrieb entstehen. Als Materialeinsatz wird der Verbrauch an Material innerhalb einer Abrechnungsperiode bezeichnet.

Die Ermittlung der Materialkosten muss in zwei Schritten erfolgen:

1. Erfassung der verbrauchten Mengen
2. Wertmäßige Bewertung der verbrauchten Mengen

Methoden zur Erfassung der verbrauchten Mengen

- Inventurmethode

Diese erfasst den gesamten Verbrauch einer Periode nach der einfachen Beziehung:

Verbrauch = Lagerbestand zu Beginn der Periode + Lagerzugänge - Lagerabgänge

Verbrauch = Lagerabgänge laut Materialentnahmescheine

Vorteil:
Sowohl Verwendungsort, als auch der Verwendungszweck des Materials sind sofort ersichtlich. Auch der buchmäßige Soll-Lagerbestand kann so festgestellt werden. Materialschwund und ähnliches können durch einen Vergleich von Sollbestand und Inventurbestand errechnet werden.

- Retrograde Methode (Rückrechnung)

Diese Methode geht von der Menge der in einer Periode produzierten Halb- und Fertiggüter aus. Der Materialverbrauch ergibt sich durch Multiplizierung dieser Mengen mit im Voraus geplanten Soll-Verbrauchsmengen der Produktarten. Die Rückrechnung erfolgt in der Regel über sogenannte Stücklisten.

Nachteil:
Jeder vom Soll abweichender Verbrauch kann erst durch die jährliche Inventur festgestellt werden.

Verbrauch = erstellte Güter x Soll-Verbrauchsmenge je Stück

Gewogene Durchschnittsmethode

Wert des Verbrauchs = durchschnittlicher Anschaffungswert

Ermittlung des Durchschnittspreises

$\emptyset$ Einstandspreis=

Anfangsbestand x Einstandspreis + Zugänge x jew. Einstandspreis

Anfangsbestand + Zugänge

Der durchschnittliche Anschaffungswert wird als gewichtetes Mittel errechnet.

Es erscheint sinnvoll, aber mit jeder neuen Beschaffung muss meist ein neuer Durchschnittswert berechnet werden.

Gleitende Durchschnittsmethode

Die gleitende Durchschnittsmethode ist ein Verfahren zur Glättung von Zeitreihen.

Sie setzt voraus, dass innerhalb der Zeit (kurzfristige) Schwankungen zyklisch auftreten (z.B. saisonale Produkte) und dass die Werte relativ konstant sind.

$$\text{Gesamtwert}_2 = \text{Gesamtwert}_1 + (\text{Zugang}_2 + \text{Einstandspreis}_2)$$

Bei zwischenzeitlichem Abgang:

$$\text{Gesamtwert}_3 = \text{Gesamtwert}_2 - (\text{Abgang}_3 \times \emptyset \text{ Preis}_2)$$

Verbrauchsfolgebewertung

Verbrauchsfolgeverfahren können angewendet werden, wenn der Verbrauch des Materials jeweils in einer bestimmten Reihenfolge stattfindet.

Zeitfolgen sind anwendbar, wenn das Material in einer bestimmten zeitlichen Reihenfolge verbraucht wird.

Fifo-Verfahren
(First in, first out)

Dieses Verfahren wird gewählt, wenn das zuerst beschaffte Material auch zuerst verbraucht wird. Der Verbrauch wird daher mit den Preisen der ersten Zugänge bewertet.

Lifo-Verfahren
(Last in, first out)

Dieses Verfahren kommt in Frage, wenn die Materialien, die zuletzt beschafft worden sind, zuerst verbraucht werden. Die Verbrauchsbewertung erfolgt daher zu den Preisen der zuletzt beschafften Güter.

Festpreisverfahren

Hierbei handelt es sich um eine Methode zur Bewertung des Materialverbrauchs, bei der die Materialpreise über längere Zeit konstant gehalten werden.

Der Vorteil des Festpreisverfahrens liegt darin, dass die monatliche
Berechnung des Durchschnittswerts entfällt. Die Festpreise werden zumeist über den Zeitraum eines Jahr konstant gehalten. Nachfolgend wird dieser überprüft und gegebenenfalls neu festgelegt.
Sie sollen eine innerbetriebliche Lenkungsfunktion ausüben und
sind deshalb an langfristigen Marktpreisen unter Berücksichtigung
der absehbaren Zukunftsentwicklung zu orientieren.

Istpreisverfahren

Hierbei handelt es sich um eine Methode zur Bewertung des Materialverbrauchs, bei der die Verbrauchsmengen nach Maßgabe
der Einstandspreise bewertet werden.

Der Nachteil des Istpreisverfahrens liegt in der Notwendigkeit,
für jeden Monat einen neuen Durchschnittswert zu errechnen.

Kalkulatorische Kosten

kalkulatorische Abschreibung

Kalkulatorischer Ausgangswert	Abschreibungsverfahren	Abschreibungsdauer
Anschaffungskosten	linear	technische
Herstellungskosten	degressiv	Nutzungsdauer
Wiederbeschaffungs-kosten	progressiv	
	leistungsabhängig	wirtschaftliche
		Nutzungsdauer

Formel:

Kalkulatorische Abschreibung =
Wiederbeschaffungspreis am Rechnungstag

Nutzungsdauer

Jährlicher Abschreibungssatz in % = $\dfrac{\text{Jährlicher Abschreibungsbetrag}}{\text{Wiederbeschaffungswert}} \times 100$

Lineare Abschreibung

$$\text{Lineare Abschreibung} = \frac{\text{Wertansatz - Liquidationserlöse}}{\text{Nutzungsdauer in Jahren}}$$

oder:

$$\text{Linearer Abschreibungssatz} = \frac{\text{Wiederbeschaffungswert}}{\text{Nutzungsdauer}}$$

Degressive Abschreibungen

Bei dieser Variante der Abschreibungen werden die Abschreibungssätze betragsmäßig von Jahr zu Jahr geringer. Die Degressive Abschreibung kann in zwei Formen auftreten: *geometrisch-degressive Abschreibung* oder *arithmetisch-degressive Abschreibung.*

Bei der arithmetisch-degressiven Abschreibung fallen die ermittelten Abschreibungsbeträge in gleichen Intervallen.

Bei dem geometrisch-degressiven Abschreibungssatz wird der Abschreibungssatz genauso wie bei der linearen Abschreibung ermittelt. Allerdings wird in diesem Fall vom jeweiligen Buchwert und nicht vom Anschaffungswert abgeschrieben

setzung für Abnutzung in fallenden Jahresbeträgen bemessen. Die Absetzung für Abnutzung in fallenden Jahresbeträgen kann nach einem unveränderlichen Prozentsatz vom jeweiligen Buchwert (Restwert) vorgenommen werden; der dabei anzuwendende Prozentsatz darf höchstens das Zweieinhalbfache des bei der Absetzung für Abnutzung in gleichen Jahresbeträgen in Betracht kommenden Prozentsatzes betragen und 25 Prozent nicht übersteigen. Absatz 1 Satz 4 und § 7a Absatz 8 gelten entsprechend. Bei Wirtschaftsgütern, bei denen die Absetzung für Abnutzung in fallenden Jahresbeträgen bemessen wird, sind Absetzungen für außergewöhnliche technische oder wirtschaftliche Abnutzung nicht zulässig."

Leistungsabhängige Abschreibung

Abschreibung je Leistungseinheit
= Anschaffungs- und Herstellungskosten - Restwert
       Summe der Leistungseinheiten

Abschreibung je Kalenderjahr
= Leistungseinheiten pro Jahr x Abschreibungsbetrag

Kalkulatorische Zinsen

Kalkulatorische Zinsen =

betriebsnotwendiges Kapital x Kalkulationszinssatz

= Betriebsnotwendiges Vermögen
- Abzugskapital (= zinsloses Kapital)
  - Kundenanzahlungen
  - Sonstige Verbindlichkeiten (Umsatzsteuer, Sozialversicherungs- und Finanzbehörden-Verbindlichkeiten)
  - Rückstellungen
  - Lieferer Kredite ohne Skontierungsmöglichkeit

= Betriebsnotwendiges Kapital

$$\emptyset \text{ Buchwert} = \underline{\text{Anfangsbestand} + \text{Endbestand}} \; \textit{oder}$$

$$\frac{\text{Anfangsbestand} + 12 \text{ Monatsendbestände}}{2}$$

Kalkulatorische Wagnisse

Kalkulatorische Wagnisse gehören zu den Einzelwagnissen, sie stehen demnach im unmittelbaren Bezug zu der im Betrieb erstellten Leistung. Nicht erfasst wird das nicht kalkulierbare Unternehmenerrisiko und auch Risiken, die bereits anderweitig abgedeckt sind, beispielsweise durch eine Versicherung. Die Versicherungsprämie fließt als Aufwand in die Buchführung ein.

Fertigungswagnis	Materialfehler	$= \dfrac{\text{Summe der Verluste}}{\text{Summe der Herstellungskosten}} x100$
	Ausschuss	
	Nacharbeiten	
Gewährleistungs-wagnis	Garantie- und Kulanzver-pflichtungen	$= \dfrac{\text{Summe der Verluste}}{\text{Umsatz}} x100$
	Preisnachlässe	
Vertriebswagnis	Forderungsausfälle	$= \dfrac{\text{Summe der Verluste}}{\text{Umsatz oder Forderungsbestand}} x100$
	Kursschwankungen	

Kalkulatorische Wagniskosten=
Bezugsbasis lfd. Jahr x kalk. Wagnissatz in %

                                          100

Kalkulatorischer Wagnissatz =
Ausfall in Euro in der Periode

Bezugsbasis in der Periode

außeracht gelassen werden.

Kostenstellenstruktur

Alle Kosten, welche nicht direkt den Endprodukten zugeordnet werden können (Gemeinkosten) laufen über die Kostenstellen. Von dieser Stelle aus sollen sie über mehr oder weniger "gerechte" Verrechnungen, Verteilschlüssel oder Umlagen den Endprodukten zugeordnet werden.

Eine gute Grundstruktur des Kostenstellenplanes kann man bereits mit dem Unternehmensorganigramm bereitstellen.

Kostenstellen werden unterschieden nach Endkostenstellen und Vorkostenstellen sowie Haupt-, Neben- und Hilfskostenstellen.

Kostenstellen können nach folgenden Kriterien gebildet werden:

- o nach funktionalen und räumlichen Aspekten (Organigramm oder Regionalstrukturen)
- o nach Verantwortung für den Kostenanfall
- o nach Zuordenbarkeit der Kostenträger.

Hilfskostenstellen

Hilfskostenstellen sind in der Kostenstellenrechnung die Positionen, welche ihre Leistung an die Hauptkostenstellen abgeben. Aus diesem Grund erfolgt die Zuteilung zu einem Produkt indirekt und nicht direkt auf den Kostenträger. Die Verteilung auf die Hauptkostenstellen erfolgt über einen entsprechenden Verteilungs-schlüssel. Entsprechend der Art der Verrechnung kann außerdem getrennt werden zwischen Vor- und Endkostenstelle.

Haupt
stellei
ihre I
proze
diesei
zum l
duktic
dukte

I. Verteilung der primären Kosten auf die Kostenstellen, die diese Kostengüter verbrauchen.

II. Verteilung der Leistungen der allgemeinen Hilfskostenstellen auf die Fertigungshilfs- und Hauptkostenstellen, die diese Leistungen in Anspruch nehmen.

III. Verteilung der Leistungen der Fertigungshilfskostenstellen auf die Fertigungshauptkostenstellen, die diese Leistungen verbrauchen.

IV. Ermittlung der Kosten sämtlicher Hauptkostenstellen.

V. Errechnung von Kalkulationssätzen oder Kalkulationszuschlagssätzen.

VI. Feststellung von Kostenüber- und Kostenunterdeckungen, die sich bei Durchführung einer Normal- oder Plankostenrechnung ergeben können.

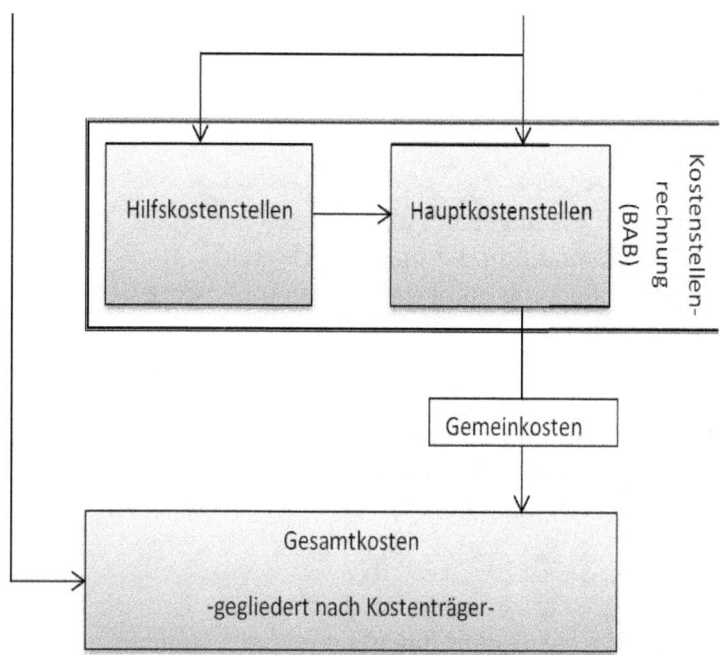

Abbildung: Aufbau eines BAB

$$\frac{\text{Gesamtgemeinkosten der ersten Hilfskostenstelle}}{\text{Anzahl der Gesamtleistungseinheiten}} \times \frac{\text{an bestimmte Kostenstelle abgegebene}}{\text{Leistungseinheiten}}$$

werden die Gemeinkosten der ersten Hilfskostenstelle verteilt.

3. Die erste Hilfskostenstelle ist nun „geräumt".
4. Zunächst werden bei der zweiten Hilfskostenstelle die von der ersten Hilfskostenstelle sekundären Gemeinkosten mit den primären Gemeinkosten der zweiten Kostenstelle addiert.
5. Kosten einer Leistungseinheit der 2. Hilfskostenstelle

$$= \frac{\text{Gemeinkosten der 2. HK Stelle} + \text{GK Anteil der 1. HK Stelle}}{\text{Anzahl der Gesamtleistungseinheiten} - \text{an 1. HK Stelle abgegebene Leistungseinheiten}}$$

6. Die Gemeinkosten der 2. Hilfskostenstelle werden entsprechend der Inanspruchnahme der nachfolgenden Haupt- und Hilfskostenstellen verteilt.
7. Die zweite Hilfkostenstelle ist nun „geräumt".
8. Mit allen weiteren Hilfskostenstellen wird jetzt wie ab Punkt 4 verfahren.

Wert der abgegebenen Leistungen=primäre Stellenkosten + Wert der empfangenen Leistungen

Kostenträgerrechnung

Die Kostenträgerrechnung ist der letzte Schritt in der Kostenrechnung. Hier werden die ermittelten Kosten auf einzelne Kostenträger nach dem Verursachungsprinzip bzw. anteilsmäßig verrechnet. Kostenträger können Produkte, Produktgruppen, Projekte und ähnliches sein. Kosten, die sich nicht direkt einem Kostenträger zurechnen lassen, bezeichnet man als Gemeinkosten.

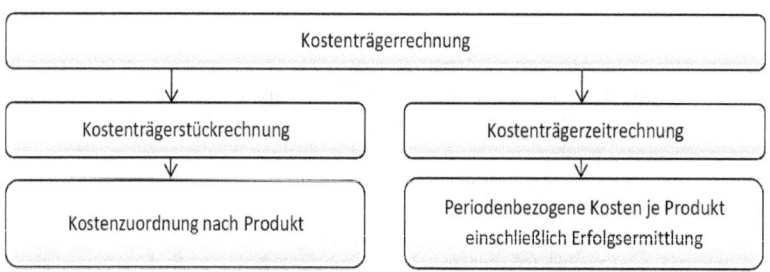

$$\text{Selbstkosten} = \frac{Herstellkosten}{produzierte\ Menge} + \frac{Vertriebs\ u.Verwaltunsgkosten}{abgesetzte\ Menge}$$

Mehrstufige Divisionskalkulation

$$\text{Selbstkosten} = \frac{Herstellkosten1}{produzierte\ Menge1} \quad (+\ ...)$$
$$+ \frac{Herstellkosten2}{produzierte\ Menge2}$$
$$+ \frac{Vertriebs\ u.Verwaltunsgkosten}{abgesetzte\ Menge}$$

Äquivalenzziffernkalkulation

Dieses Verfahren kann als eine weitere Variante der Divisions-
kalkulation bei Mehrproduktfertigung interpretiert werden.

Es beruht auf der Annahme, dass bei der Herstellung sich nur ge-
ringfügig voneinander unterscheidender Produktarten (im Sinne
einer Sortenfertigung) zwar keine völlig identische Kostenstruk-
tur besteht, diese aber bei den verschiedenen Kostenträgern durch
die Verarbeitung derselben Rohstoffe oder (aufgrund des Durch-
laufs gleicher Fertigungsstellen) sich voneinander nicht wesent-
lich unterscheidender Produktionsprozesse sehr ähnlich ist.

| 12 | = | Selbstkosten | Summe aus Pos. 8 bis 11 |

Angebotskalkulation ausgehend von den Selbstkosten

13	+	Gewinnaufschlag	In % von Pos. 12
14	=	Barverkaufspreis	Summe aus Pos. 12 bis 13
15	+	Kundenskonto	In % von Pos. 16
16	=	Zielverkaufspreis	Summe Pos. 14+15
17	+	Kundenrabatt	In % auf Pos. 18
18	=	Verkaufspreis (netto)	Summe Pos. 16+17
19	+	Mehrwertsteuer	In % auf Pos. 18
20	=	Angebotspreis (brutto)	Summe Pos. 18+19

Maschinenstundensatz

Maschinenstundensatz ist die Gesamtheit der Kosten, die eine Maschine während der Laufstunde verursacht.

Alle der Maschine zurechenbaren Kosten (kalkulatorische Abschreibungen, kalkulatorische Zinsen, Raum- und Energiekosten, Instandhaltungskosten, Schmierstoffe etc.) werden auf die Maschinenlaufzeit angerechnet.

Weitere Kostenarten sind ua. Versicherungsprämien, Werkzeug-
kosten, Maschinenreinigung, Vorrichtungskosten usw.

Restfertigungsgemeinkosten =

Gesamtgemeinkosten der Maschine
– Maschinenabhängige Fertigungsgemeinkosten d. M.

Maschinenstundensatz

$$= \frac{\text{maschinenabh. Fertigungsgemeinkosten}}{\text{Maschinenlaufzeit}}$$

Restfertigungsgemeinkostenzuschlag

$$= \frac{\text{Restfertigungsgemeinkosten d. Maschine}}{\text{Fertigungseinzelkosten d. Maschine}}$$

=	**Herstellungskosten**	**HK**
+	Verwaltungsgemeinkosten	VerwGK
+	Vertriebsgemeinkosten	VertrGK
+	Sondereinzelkosten des Vertriebs	SEKVertr
=	**Selbstkosten**	**SK**

Verbundproduktion

Von einer Kuppelproduktion (Verbundproduktion) spricht man dann, wenn bei der Erstellung eines Produktes mit technischer Notwendigkeit mindestens ein weiteres Produkt anfällt.

Restwertmethode

$$\textit{Kosten des Hauptprodukts} = \frac{\text{Gesamtkosten} - \text{Erlöse der Nebenprodukte}}{\text{produzierte Menge des Hauptprodukts}}$$

-	Gesamte Kosten
=	**Betriebsergebnis**

Umsatzkostenverfahren

	Umsatzerlöse
-	Selbstkosten der abgesetzten Produkte / Periode
=	**Betriebsergebnis**

=	**Betriebsergebnis**

Einstufige Deckungsbeitragsrechnung

Deckungsbeitrag = Stückdeckungsbeitrag x Absatzmenge
Betriebserfolg = Deckungsbeitrag − Gesamtfixkosten

Deckungsbeitragsrechnung unter Absatzengpässen

I.   Ermittlung des Stückdeckungsbeitrags.
II. Das Produkt mit dem höchsten Stückdeckungsbeitrag hat die oberste Priorität bei der Produktion.

-	Produktbereichsfixkosten
=	**Stückdeckungsbeitrag IV**
-	Unternehmensfixkosten
=	**Betriebsergebnis**

Deckungsbeitragsrechnung unter Absatz- und Fertigungsengpässen

I. Ermittlung des Stückdeckungsbeitrags.

II. Ermittlung des relativen Stückdeckungsbeitrags:

$$Relativer\ St\ddot{u}ckdeckungsbeitrag = \frac{absoluter\ St\ddot{u}ckdeckungsbeitrag}{Engpassbeanspruchung}$$

III. Due freu verfügbaren Kapazitäten werden nach der Priorität der höchsten Absatzmenge auf die Produkte verteilt.

IV. Ermittlung des Betriebserfolgs:

$$= (produzierte\ Menge\ x\ jeweiliger\ absoluter\ Deckungsbeitrag) - fixe\ Kosten$$

Anzahl Produkt 1

Hause hergestellt werden soll. Diese Entscheidung muss von den Kriterien Kosten, Qualität, Zeit, Ressourcenverfügbarkeit und Risiken abhängig gemacht werden.

Bei der Entscheidung in Bezug auf Endprodukten:

Deckungsbeitrag Fremdbezug = Verkaufspreis – Einkaufspreis

DB Eigenfertigung = Verkaufspreis – variable Stückkosten

Bei der Entscheidung in Bezug auf Halbfertigerzeugnisse bei Maschinenengpässen:

Opportunitäts-Deckungsbeitrag =
Fremdbezug-var. Kosten d. Eigenfertigung

Plankostenrechnung

starre Plankostenrechnung

$$PlanKalkulationSatz = \frac{\text{gesamte Plankosten}}{\text{Planbeschäfitung}}$$

$$verrechnete\ Plankosten = \text{PlanKalkulationSatz x Istbeschäftigung}$$

$$Gesamtabweichungen = \text{Istkosten} - \text{verrechnete Plankosten}$$

Gesamtabweichung
$$= \text{Istkosten} - \text{verrechnete Plankosten}$$

Ist keine Preisänderung gegeben:

Verbrauchsabweichung $= \text{Istkosten} - \text{Sollkosten}$

Bewertung

Grundsätzlich sind alle Vermögensgegenstände und Schulden einzeln zu bewerten. Nur in Ausnahmefällen sind Gruppen- oder Festbewertungen oder aber nach unterstellten Veräußerungs- bzw. Verbrauchsfolgen möglich (§ 240 Abs. 3 und 4, sowie § 256 HGB).

Herstellungs-/Anschaffungskosten

-	planmäßige Abschreibungen
=	**Fortgeführte Herstellungs-/Anschaffungskosten**

Beizulegender Wert:

	geschätzte Verkaufserlöse
-	Erlösschmälerungen (Rabatte etc.)
-	noch anfallende Herstellungskosten
-	noch anfallende Vertriebskosten
-	noch anfallende Verwaltungskosten
-	noch anfallende Kapitaldienstkosten
=	**beizulegender Wert**

Herstellungskosten aus handels- und steuerrechtlicher Sicht	
Pflicht	Materialeinzelkosten + Fertigungseinzelkosten + Sondereinzelkosten der Fertigung + Materialgemeinkosten + Fertigungsgemeinkosten + Werteverzehr des Anlagevermögens = **Wertuntergrenze**
Wahlrecht	+ Allgemeine Verwaltungskosten + Kosten für freiwillige Leistungen + Kosten für betriebliche Altersversorgung + Kosten für soziale Einrichtungen des Unternehmens + Fremdkapitalzinsen = **Wertobergrenze**
Verbot	➤ Forschungskosten ➤ **Vertriebskosten** ➤ **Kalkulatorische Kosten**

$$\frac{Anlageverm\ddot{o}gen}{Gesamtverm\ddot{o}gen} \; x \; 100 = \textbf{\textit{Anlageintens}}it\ddot{a}t$$

$$\frac{Anlageverm\ddot{o}gen}{Umlaufverm\ddot{o}gen} x \; 100 = \textbf{\textit{Verm\ddot{o}genskonstitution}}$$

Interpretation:

hohe Anlagenintensität – d.h. ein hoher Anteil des Anlagevermögens am Gesamtvermögen – bedeutet:

- eine hohe langfristige Kapitalbindung;
- hohe Fixkosten (u.a. in Form der Abschreibungen sowie in Gestalt der mit der langfristigen Kapitalbindung im Anlagevermögen verbundenen Kosten für Zinsen)
- eine geringe Flexibilität: nimmt der Umsatz ab, können die Kosten aufgrund ihres Fixkostencharakters nicht entsprechend kurzfristig angepasst werden
- möglicherweise hoher Kapitalbedarf für Ersatzinvestitionen.

Niedrige Anlagenintensität

- Eine außergewöhnlich niedrige Anlagenintensität kann darauf deuten, dass altes, vollständig abgeschriebenes Anlagevermögen vorliegt (z.B. veraltete Maschinen).

Möglichkeiten zur Veränderungen der Anlagenintensität

Die Anlagenintensität wird z.B. durch Leasing verringert.

Gesamtvermögen

Interpretation:

hohe Umlaufintensität – d.h. ein hoher Anteil des Umlaufvermögens am Gesamtvermögen – bedeutet:

- eine kurzfristige Kapitalbindung: Forderungen gegenüber Kunden und Vorräte werden relativ schnell in liquide Mittel verwandelt

- geringe Fixkosten (in Form der Abschreibungen)

- nimmt der Umsatz ab, können die Bestände und Kosten aufgrund ihres variablen Charakters entsprechend kurzfristig angepasst werden;

- u.U. geringer Kapitalbedarf für Ersatzinvestitionen.

In den meisten Fällen ist eine hohe Umlaufintensität aufgrund der genannten Aspekte positiv zu beurteilen. Sie kann jedoch auch auf hohe bzw. überhöhte Lagerbestände oder ausstehende Forderungen bei Kunden hindeuten.

Insofern ist diese Kennzahl im Zeitverlauf zu vergleichen und im Kontext zu betrachten:

Erhöht sich der Umsatz, wird sich in der Regel auch das Umlaufvermögen erhöhen, da höhere Vorratsbestände benötigt werden und höhere Kundenforderungen vorliegen. Beide Bilanzposten gehören zum Umlaufvermögen.

Niedrige Umlaufintensität

net das Verhältnis des Buchwerts der Forderungen zum Gesamtvermögen (der Bilanzsumme).

Formel:

$$\frac{Kurzfristige\ Forderungen}{Gesamtvermögen} x\ 100 = Forderungsquote$$

Interpretation:

hohe Forderungsintensität

- Höheres Risiko von Forderungsverlusten
- Größere Zinsverluste
- Geringere Flexibilität

Weiter Formeln:

Umschlagsdauer des Vorratsvermögens

$$=\frac{durchschnittliche\ Vorräte}{Umsatz} x\ 360$$

Investitionsquote des Sachanlagevermögens

$$=\frac{Kurzfristige\ Forderungen}{Gesamtvermögen} x\ 100$$

Investitionsdeckung $=\frac{Abschreibungen\ auf\ Sachanlagen}{Sachanlagenzugäng-Sachanlagenabgänge} x\ 100$

Ergebnis < 1 = Anlagenzugang

Ergebnis > 1 = Ersatzinvestition

$$\frac{}{\text{Sachanlagevermögen zu Herstellungs- o.Anschaffungskosten am Periodenende}} \; x \; 100$$

Umschlagshäufigkeit des Anlagevermögens

	Abschreibungen des Sachanlagevermögens
+	Abgänge des Sachanlagevermögens
=	Ø Bestand des Sachanlagevermögens zu HK o. AK

Umschlagshäufigkeit des Umlaufvermögens =

$$\frac{\text{Umsatz}}{\text{Ø Bestand des Umlaufvermögens}} \; x \; 100$$

Kennzahlen der Kapitalstruktur

Zahlungsmittelquote

Die Zahlungsmittelquote, auch Zahlungsmittelintensität genannt, zeigt das Verhältnis von liquiden Mitteln zum Gesamtvermögen.

Sie ist ein Anzeichen für die Entwicklung der liquiden Mittel im Unternehmen.

Formel:

$$\frac{Liquide\ Mittel}{Gesamtverm\ddot{o}gen} \: x \: 100 = Zahlungsmittelquote$$

Interpretation:

hohe Zahlungsmittelquote

- deutet auf eine bessere Absatzlage des Unternehmens hin

Eigenkapitalquote

Die Eigenkapitalquote bezeichnet den Anteil des Eigenkapitals am Gesamtkapital (Bilanzsumme), ausgedrückt in Prozent.

Sie ist einer der Indikatoren für das Risiko und die Bonität eines Unternehmens.

Formel:

auf die Eigenkapitalrentabilität aus.

Anspannungskoeffizient

Definition:
Der Anspannungskoeffizient, auch Fremdkapitalquote genannt, ist eine Bilanzkennzahl zur Analyse der Kapitalstruktur von Unternehmungen.
Mit ihm soll das Kapitalrisiko für Investoren beurteilt werden.

Formel:

$$\frac{Fremdkapital}{Gesamtkapital} \times 100 = Anspannungskoeffizient$$

Interpretation:
hoher Anspannungskoeffizient

- Indikator für zunehmende Schwierigkeiten bei der zukünftigen Verschuldung
- Risiko der Kündigung von Krediten steigt

Anlagendeckung (Investierung)

Anlagendeckung II

Der Deckungsgrad II zeigt an, in welcher Prozenthöhe des Anlagevermögens langfristig finanziert sind.

Ein Deckungsgrad II von 80% bedeutet beispielsweise, dass lediglich 80% des Anlagevermögens langfristig und die restlichen 20% kurzfristig finanziert werden.

Da das Anlagevermögen langfristig gebunden ist, sollte es in der Regel auch langfristig finanziert werden. Im Umkehrschluss würde das Umlaufvermögen nicht ausreichen, um das gesamte kurzfristige Fremdkapital zu bedienen. Der Deckungsgrad II sollte somit mindestens 100% betragen.

Formel:

$$\frac{Eigenkapital + langfr. Fremdkapital}{Anlagevermögen} = Anlagendeckung\ II$$

Anlagendeckung III

Der Deckungsgrad III gibt darüber Auskunft, inwieweit das Anlagevermögen und die Vorräte durch das Eigenkapital und das langfristige Fremdkapital finanziert werden können.

Formel:

Diese Regel ist auch unter der Bezeichnung "absolute liquidity ratio" bekannt. Auch bezeichnet als Liquidität ersten Grades.

Die Barliquidität ist statisch, da sie an einem bestimmten Stichtag ermittelt wird. In der Regel wird sie im Rahmen der Bilanz- oder Finanzanalyse aufgrund der Bilanz festgestellt, daher ist ihre Aussage vergangenheitsorientiert.

Formel:

$$\frac{Liquide\ Mittel}{kurzfristiges\ Fremdkapital} x\ 100 = Liquidität\ I$$

Liquidität II (Einzugsbedingte Liquidität)

Bei der Liquidität II werden die flüssigen Mittel um die kurzfristigen Forderungen ergänzt und mit den kurzfristigen Verbindlichkeiten ins Verhältnis gesetzt. Die Liquidität 2. Grades gibt an, inwieweit die Forderungen und flüssigen Mittel die kurzfristigen Verbindlichkeiten decken. Liegt sie unter 100%, könnte es ein Hinweis auf einen zu hohen Lagerbestand, aufgrund mangelnden Absatzes, sein. Die Zahlungsfähigkeit kann gefährdet sein.

Formel:

$$\frac{Liquide\ Mittel + kurzfr.\ Forderungen}{kurzfristiges\ Fremdkapital} x\ 100$$
$$= Liquidität\ II$$

$$\frac{Umlaufvermögen}{kurzfristiges\ Fremdkapital} \; x \; 100 = Liquidität\ III$$

Cashflow (Kassenzufluss)

Der Cash Flow gibt die Differenz von einnahmewirksamen Erträgen und ausgabewirksamen Aufwendungen, die für Investitionen, Dividendenzahlungen und Schuldentilgungen verfügbar ist wieder.

Der Cash Flow wird auch als Umsatzüberschuss bezeichnet.

Allgemeine Berechnung

Berechnungsweise:

Um den allgemeinen Cash Flow auf indirektem Wege zu ermitteln, werden die Positionen, die nicht zahlungswirksam sind, aus dem Jahresüberschuss herausgerechnet.

Formel:

$$\begin{array}{c} Jahres\ddot{u}berschuss \\ + \; Aufwendungen\ die\ keine\ Ausgaben\ verursachten \\ \underline{- \; Ertr\ddot{a}ge\ die\ zu\ keinen\ Einnahmen\ f\ddot{u}hrten} \\ \textbf{Cash Flow (\textit{allgemein})} \end{array}$$

Zu den nicht zahlungswirksamen Aufwendungen zählt man:

- Minderung des Gewinnvortrages
- Zuschreibungen
- Auflösung von Wertberichtigungen
- Minderung der Sonderposten mit Rücklageanteil
- Auflösung von Rückstellungen
- Bestandserhöhungen an fertigen und unfertigen Erzeugnissen
- Aktivierte Eigenleistungen
- Periodenfremde und außerordentliche Erträge

Einfache Berechnungsform

Berechnungsweise:

Die einfache Berechnungsform wird zumeist in kleineren Betrieben angewandt.

Formel:

$$\begin{array}{l} Jahresüberschuss \\ + Abschreibungen \\ \hline = Cashflow\ (einfache\ Form) \end{array}$$

$$+ \ Minderbestand \ an \ Erzeugnissen$$
$$- \ Verminderung \ langfristiger \ Rückstellungen$$
$$- \ Mehrbestand \ an \ Erzeugnissen$$
$$= \ Cashflow \ (ausführlichere \ Form)$$

Rentabilitätskennzahlen

Bereinigter Jahresgewinn

Der bereinigte Jahresgewinn misst die Rendite des eingesetzten Eigen- und Gesamtkapitals und des Umsatzes. Für die Berechnung von Rentabilitätskennzahlen wird stets vom bereinigten Jahresgewinn ausgegangen

Formel:

$$Jahresergebnis$$
$$+ \ Außerordentliche \ Aufwendungen$$
$$- Außerordentliche \ Erträge$$
$$= \ Ordentliches \ Unternehmensergebnis$$
$$- \ Kalkulatorischer \ Unternehmerlohn$$
$$- \ Kalkulatorischer \ Lohn \ v. Familienangehörige$$
$$= \ Bereinigter \ Jahresgewinn$$

Eigenkapitalrentabilität

Die Eigenkapitalrentabilität, auch Eigenkapitalrendite genannt, ist eine Form der Kapitalrentabilität.

Sie bezeichnet die "Verzinsung" des eingesetzten Eigenkapitals, ausgedrückt in Prozent.

$$\frac{Durchschnittlicher\ Kapitalmarktzins - Eigenkapitalrentabilität}{= \textbf{\textit{Risikopr}}\ddot{a}\textbf{\textit{mie}}}$$

Gesamtkapitalrentabilität/ Return of Investment (ROI)

Die Gesamtkapitalrentabilität, auch Gesamtkapitalrendite genannt, gibt die Verzinsung des gesamten in einem Unternehmen eingesetzten Kapitals, das sich aus Eigenkapital und Fremdkapital zusammensetzt, an.

Die Gesamtkapitalrentabilität trägt auch die Bezeichnung Return on Investment (ROI).

Formel:

$$\frac{Bereinigter\ Jahresgewinn + Fremkapitalzinsen}{Durchschnittliches\ Gesamtkapital}\ x\ 100$$
$$= Gesamtkapitalrentabilität$$

oder

Umsatzrentabilität x Kapitalumschlag = $Umsatzrentabilität$

Umsatzrentabilität

Leverage-Effekt tritt ein, wenn die Rentabilität des Gesamtkapitals größer ist als der Fremdkapitalzins. Mit Hilfe des Leverage erhöht sich die Eigenkapitalrendite bei steigender Verschuldung.

Effektivverzinsung

Die Effektivverzinsung gibt die tatsächliche Verzinsung des eingesetzten Kapitals oder eines Kredites an. Unter anderem werden zur Berechnung der Effektivverzinsung etwaige Gebühren, Ausgabeaufschläge, Ausgabeabschläge, Kursgewinne und Kursverluste berücksichtigt.

Unterjährige Verzinsung einschließlich Zinseszins

EBIT

Bei dem Earnings before Interest and Taxes (EBIT) handelt es sich um das Ergebnis vor Steuern und Zinsen. Diese Kennzahl weist das Betriebsergebnis unabhängig von regionalen Besteuerungen und unterschiedlichen Finanzierungsformen aus. EBIT eignet sich daher zum internationalen Vergleich von Unternehmen.

EBITDA

Earnings before interests, taxes, depreciation and amortisation (EBITDA) ist das Ergebnis vor Zinsen, Steuern, und Abschreibungen auf Sachanlagen und immaterielle Vermögengegenstände. Das Betriebsergebnis wird hierbei ohne Verzerrungen dargestellt.

Gewinn vor Zinsen und Steuern	Earnings before Interest an Taxes (EBIT)
+ Abschreibungen auf Sachanlagen	Depreciation
+ Abschreibungen auf Geschäfts- oder Firmenwert	Amortization
= **Gewinn vor Steuern, Abschreibungen und Zinsen**	**Earnings before interests, taxes, depreciation and amortization (EBITDA)**

Die Finanzierung umfasst alle betrieblichen Prozesse zur Bereitstellung der finanziellen Mittel, die für Investitionen benötigt werden.

$$\text{Wert des Bezugsrechts} = \frac{Altaktien\ Kurs - Jungaktien\ Kurs}{Bezugsverh\ddot{a}ltnis + 1}$$

oder

Altaktienkurs – Mittelkurs (neu)

Aktienbewertung

Einfacher Bilanzkurs ist der rechnerische Wert einer Aktie, der sich aus den Bilanzwerten der Gesellschaft ergibt, wenn man das bilanzierte Eigenkapital in das Verhältnis zum Grundkapital setzt.

$$\textbf{Bilanzkurs} = \frac{bilanziertes\ Eigenkapital}{Grundkapital} x100$$

$$\textbf{Ertragskurs} = \frac{Ertragswert\ des\ Unternehmens}{Grundkaptial} x100$$

Der Ertragswert ist der Barwert künftiger Nettoeinzahlungen eines Objektes (z.B. einzelne Aktie). Er heißt auch Zukunftserfolgswert

$$\textbf{Ertragswert} = \frac{Reinertrag}{Kapitalisierungszinsfuß} x100$$

$$\textbf{Gewinn pro Aktie} = \frac{Jahresüberschuss}{Anzahl\ Aktien} x100$$

KGV (Kurs − Gewinn − Verhältnis) = *Aktiengewinn*

Investitionsrechnung

Die Investitionsrechnung ermittelt den finanziellen Vorteil von Investitionsprojekten.

Statische Investitionsrechnung

Kostenvergleichsrechnung, Gewinnvergleichsrechnung, Rentabilitätsvergleichsrechnung und die Amortisationsrechnung gehören zu den statischen Investitionsrechnungen. Solche Verfahren werden statisch genannt, weil in den Berechnungen Zeitverläufe nicht beachtet werden. Anstelle, dass die verschiedenen Zahlungen eines Zeitpunktes ermitteln werden, wird ein Durchschnittswert aller Ein- und Auszahlungen gebildet.

Kostenbestandteile:

Die kalkulatorische Abschreibung hat zur Aufgabe, die tatsächliche Wertminderung des Anlagevermögens zu erfassen und als Kosten zu verrechnen.

kalkulatorische Abschreibung
$$= \frac{Anschaffungskosten - Restwert\ am\ Ende\ der\ Nutzungsdauer}{Nutzungsdauer}$$

Die kalkulatorischen Zinsen sind Kosten für die Verwendung des betriebsnotwendigen Kapitals.

kalkulatorische Zinsen
$$= \frac{Anschaffungskosten + Restwert\ am\ Ende\ der\ Nutzungsdauer}{2}$$

Gesamtkosten=Fixkosten + Variable Kosten (jeweils Stück/Menge)

$$\textbf{Fixkosten} = \frac{Anschaffungskosten - Restwert}{Nutzungsdauer}$$
$$+ \frac{Anschaffungskosten - Restwert}{2}$$

Kritische Auslastung
$$= \frac{Fixkosten\ P2 - Fixkosten\ P1}{variable\ Kosten\ P\ 1 - variable\ Kosten\ P2}$$

Ersatzinvestition

Kalkulatorische Zinsen aufgrund der Kapitalbindung

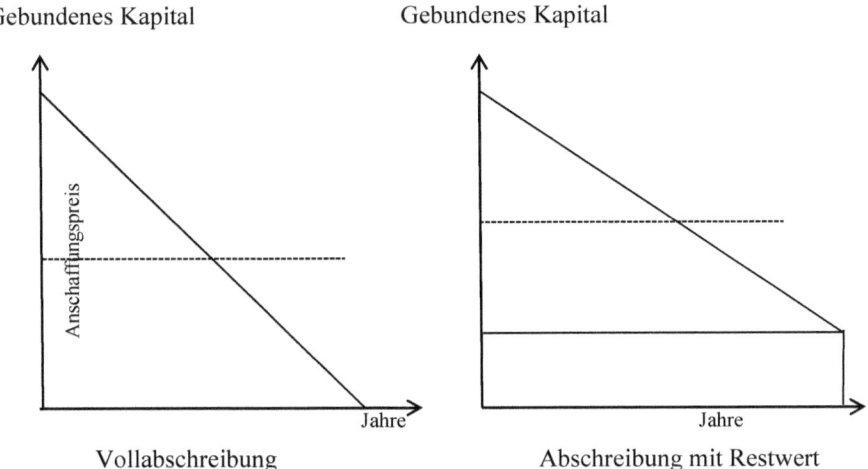

$$Gewinn = Erlöse - Kosten$$

Der Gewinn sollte stets größer als 0 sein. Die Investition mit dem höchsten Gewinn sollte bevorzugt werden.

Kritische Auslastung – Break-Even-Analyse

$$\textit{kritische Auslastung} = \frac{\text{Gesamtfixkosten P2} - \text{Gesamtfixkosten P1}}{(\text{variable Fixkosten P1} - \text{variable Fixkosten P2}) - (\textit{Preis P1} - \textit{Preis P2})}$$

$$\textbf{\textit{Break} - \textit{Even} - \textit{Point}} = \frac{\text{Gesamtfixkosten}}{\textit{Stückdeckungsbeitrag}}$$

$$\textbf{\textit{Stückdeckungsbeitrag}} = \text{Erlöse} - \text{variable Kosten}$$

$$\emptyset\ Kapitaleinsatz = \frac{\text{Anschaffungskosten} + \text{Restwert}}{2}$$

Ersatzinvestition

Ersatzinvestition sind Investitionen, durch die bereits vorhandene Investitionsgüter durch Austausch ersetzt werden. Am häufigsten geht es dabei um die Erneuerung von Anlagen.

Hierbei wird zwischen Reinvestitionen und Erweiterungsinvestitionen unterschieden.

$$Rentabilität = \frac{\text{Minderkosten}}{durchschnittlichen\ Kapitaleinsatz\ neu}$$

Amortisationsrechnung

Bei der Amortisationsrechnung wird die Rückflussdauer einer Investition, also der Zeitraum, in dem sich die Anschaffungskosten aus den jährlichen Gewinnen und Abschreibungen der Investition refinanzieren, berechnet. Vorteilhaft ist eine Investition, die den schnellsten Mittelrückfluss gewährleistet.

Die Amortisationsrechnung nach der Durchschnittsmethode stellt auf den durchschnittlichen jährlichen Mittelrückfluss ab:

Mittelrückfluss			
	Jahr 1	Jahr 2	Jahr 3
Mittelrückfluss	60.000	40.000	20.000

In diesem Fall wäre der durchschnittliche Mittelrückfluss 40.000 Euro, welcher sich wie folgt errechnet:

$$40000 = \frac{60.000 + 40.000 + 20.000}{3}$$

Ersatzinvestitionsentscheidung

$$\text{Amortisationsdauer} = \frac{\text{zusätzlicher Kapitaleinsatz}}{\text{Kostenersparnis} + \text{zusätzliche Abschreibungen}}$$

Er gibt an, welchen Wert eine oder mehrere während einer Betrachtungsperiode geleisteten Zahlung zu Beginn der Betrachtungsperiode hat.

Endwert

Der Endwert ist der Wert unter Berücksichtigung von Ein- und Auszahlungen ist der Wert, der sich durch Aufzinsung ergibt.

Er gibt an, welchen Wert eine oder mehrere während einer Betrachtungsperiode geleisteten Zahlung am Ende der Betrachtungsperiode aufweist.

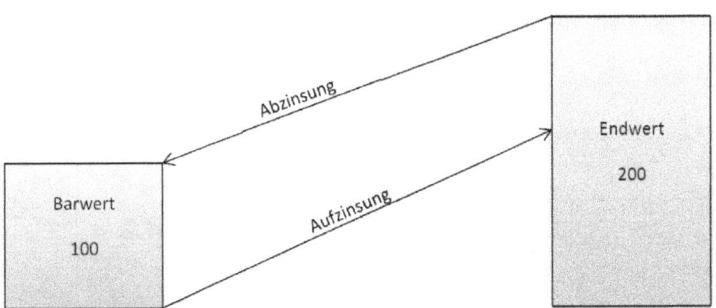

n: Laufzeit in Jahren

Einmalzahlungen

Aufzinsungsfaktor = q=(1+p)

Ein heute fälliger Betrag wird mit Zins und Zinseszins über n Jahre aufgezinst. Eine "Einmalzahlung jetzt" wird in eine "Einmalzahlung in x Jahren" umgerechnet.

Abzinsungsfaktor = $\frac{1}{q}$ = $\frac{1}{(1+p)}$

Abzinsungsfaktoren   p = Zinssatz [% p. a.]   n = Laufzeit [a]

n \ p	3,0	4,0	5,0	6,0	7,0	8,0	9,0	10,0
1	0,970874	0,961538	0,952381	0,943396	0,934579	0,925926	0,917431	0,909091
2	0,942596	0,924556	0,907029	0,889996	0,873439	0,857339	0,841680	0,826446
3	0,915142	0,888996	0,863838	0,839619	0,816298	0,793832	0,772183	0,751315
4	0,888487	0,854804	0,822702	0,792094	0,762895	0,735030	0,708425	0,683013
5	0,862609	0,821927	0,783526	0,747258	0,712986	0,680583	0,649931	0,620921
6	0,837484	0,790315	0,746215	0,704961	0,666342	0,630170	0,596267	0,564474
7	0,813092	0,759918	0,710681	0,665057	0,622750	0,583490	0,547034	0,513158
8	0,789409	0,730690	0,676839	0,627412	0,582009	0,540269	0,501866	0,466507
9	0,766417	0,702587	0,644609	0,591898	0,543934	0,500249	0,460428	0,424098
10	0,744094	0,675564	0,613913	0,558395	0,508349	0,463193	0,422411	0,385543

$$\textbf{Rentenbarwertfaktor}_{\text{vorschüssig}} = q \times \dfrac{q \times p}{\dfrac{q-1}{q \times p}}$$

$$\textbf{Annuitätenfaktor} = \dfrac{q \times p}{q-1}$$

Der Annuitätenfaktor, auch Wiedergewinnungsfaktor genannt, dient der Umrechnung von Barwerten bestimmter Einzahlungen und Auszahlungen in jährlich gleichbleibende Beträge (Annuitäten).

$$\textbf{Endwertfaktor} = \dfrac{q-1}{p}$$

Der Endwertfaktor verwandelt eine Zahlungsreihe in "Einmalzahlung nach x Perioden".

$$\textbf{Restwertverteilungsfaktor} = \dfrac{p}{q-1}$$

Der Restwertverteilungsfaktor verteilt einen in x Jahren fälligen Betrag unter Berücksichtigung von Zins und Zinseszins in gleichmäßigen Beträgen R auf die Laufzeit von x Jahren. Eine "Einmalzahlung in x Jahren" wird in eine Zahlungsreihe umgerechnet.

Kapitalwertmethode

Interne Zinsfußmethode

Die interne Zinsfuß-Methode ist eine dynamische Investitionsrechnung, die zwei Zinssätze miteinander vergleicht, den internen
Zinsfuß r und den Kalkulationszinssatz i. Lohnend ist eine Investition dann, wenn ihr interner Zinssatz mindestens so hoch ist wie
der Kalkulationszinssatz des Investors. Der interne Zinsfuß (einer
Investition oder Finanzierung ist derjenige Diskontierungszins-
satz, bei dessen Anwendung der Kapitalwert der betreffenden Investition oder Finanzierung gerade gleich Null wird. Oder: Interner Zinsfuß ist der Zinsfuß, bei dem Auszahlungs- und Einzah-
lungsbarwerte einer Investition oder Finanzierung übereinstim-
men.

$$\text{interner Zinsfuß (r)} = i_1 - C_1 * \frac{i_1 - i_2}{C_1 - C_2}$$

i=Versuchszinssätze C=Kapitalwertsätze

Annuitätenmethode

Die Annuitätenmethode dient dazu, einen finanzmathematischen
durchschnittlichen jährlichen Überschuss zu ermitteln.

$$= C_0 \times \frac{q^n[q-1]}{q^n - 1}$$

- der Investor gewinnt sein eingesetztes Kapital zurück
- er erhält eine Verzinsung in Höhe des Kalkulationszins-satzes, und
- er erhält darüber hinaus im Jahresdurchschnitt einen konstanten Überschuss (extra profit) in Höhe des DJÜ.
- Umgekehrt erleidet der Investor bei einem negativen DJÜ - gemessen an der kalkulierten Verzinsung - einen Durch-schnittsverlust je Rechnungsperiode in eben dieser Höhe.

Dynamische Amortisationsrechnung

Gegenstand der dynamischen Amortisationsrechnung - auch Pay-off-Methode genannt - ist die Bestimmung des Zeitpunkts, an dem das eingesetzte Kapital durch Einzahlungsüberschüsse zu-rückgewonnen wird. Gesucht wird bei der dynamischen Amorti-sationsrechnung folglich die Periode, in der der Kapitalwert in Abhängigkeit der Zeit erstmalig gleich oder größer Null wird. Im Vergleich zur statischen Variante der Amortisationsrechnung werden bei der dynamischen Amortisationsrechnung Zinsen und Zinseszinseffekte berücksichtigt.

Formel:

$$I_0 = \sum_{t=1}^{n} RF_t$$

Rechtliche Vorschriften zur Bilanz und ihrer Gliederung

§ 247 Abs. 1 HGB schreibt vor, dass das Anlage- und Umlaufvermögen, das Eigenkaptital und die Verbindlichkeiten hinreichend zu gliedern sind.

Eine Bilanz, die nur diese vier Posten ungegliedert enthalten würde, entspräche nicht den *Grundsätzen ordnungsmäßiger Buchführung (GoB)* und der Forderung nach Klarheit und Übersichtlichkeit.

Das HGB enthält zur Form und zum Inhalt der Bilanz Vorschriften, die auch sinngemäß für die nach §141 AO Bilanzierungspflichtigen gelten (§141 Abs. 1 Satz 2 AO):

Die Bilanz ist nach den Grundsätzen ordnungsmäßiger Buchführung (GOB) aufzustellen.	§ 243 Abs. 1 HGB
Die Bilanz ist innerhalb einer angemessenen Frist nach dem Stichtag aufzustellen.	§ 243 Abs. 1 HGB
Die Bilanz muss klar und übersichtlich sein.	§ 243 Abs. 2 HGB
Die Bilanz ist in deutscher Sprache und in Euro aufzustellen.	§ 244 HGB
Die Bilanz ist vom Kaufmann unter Angabe des Datums zu unterzeichnen.	§ 245 HGB
In der Bilanz sind das Vermögen, das Eigenkapital und die Verbindlichkeiten gesondert auszuweisen und hinreichend zu gliedern.	§ 247 Abs. 1 HGB

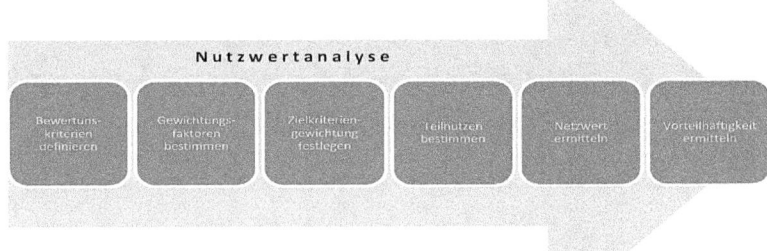

Hinsichtlich der Bilanzgliederung muss zwischen zwei Gruppen unterschieden werden:

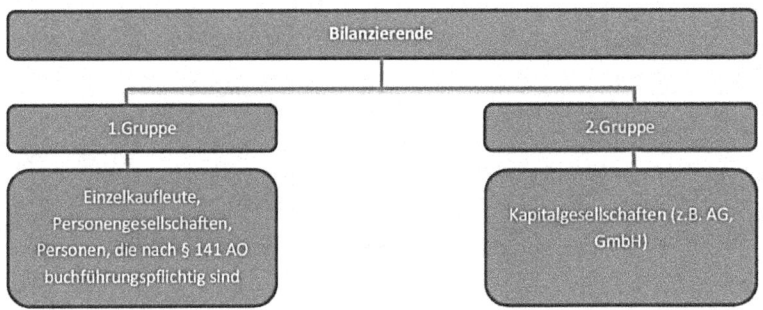

schuss/Jahresfehlbe-
trag

B. Umlaufvermögen	**B. Rückstellungen**
I. Vorräte	
II. Forderungen und sonstige Vermögensgegenstände	
III. Wertpapiere	**C. Verbindlichkeiten**
IV. Kassenbestand, Bundesbank-guthaben, Guthaben bei Kreditinstituten und Schecks	
C. Rechnungsabgrenzungsposten	**D. Rechnungsabgrenzungsposten**

Soll ein Sonderposten mit Rücklagenanteil ausgewiesen werden, hat der Ausweis nach dem Eigenkapital und vor den Rückstellungen zu erfolgen (§ 273 HGB).

In der Bilanz ist zu jedem Posten der entsprechende Betrag des vorhergehenden Geschäftsjahres anzugeben (§265 Abs. 2 Satz 1 HGB).

1. Grundstücke und
Bauten

2. technische Anlagen
und Maschinen

3. Betriebs-und
Geschäftsausstattung

III.   Finanzanlagen

1. Beteiligungen

2. Wertpapiere des
Anlagevermögens

B.   Umlaufvermögen

    I.   Vorräte

       1.Roh-, Hilfs- u.
Betriebsstoffe

       2. fertige Erzeugnisse
und Waren

   II.   Forderungen und sonstige Vermögensgegen-
stände

B.   Rückstellungen

    1. Rückstellungen
auf Pensionen

    2. Steuerrückstel-
lungen

    3. sonstige Rück-
stellungen

C.   Verbindlichkeiten

C. Rechnungsabgrenzungs-posten

D. Rechnungsab-grenzungsposten

Übersicht über die Inhalte der Bilanz nach §266 HGB

Große und mittelgroße Kapitalgesellschaften (vgl. Betriebsgröße nach §267 HGB) haben die in §266 Abs. 2 und Abs. 3 HGB bezeichneten Posten gesondert und in der vorgeschriebenen Reihenfolge auszuweisen. Für kleine Kapitalgesellschaften gibt es Erleichterungen. Für Personengesellschaften bestehen keine entsprechend präzisen Reglementierungen, weil die §§265ff HGB für sie nicht anwendbar sind. Das Bilanzgliederungsschema wurde mit Wirkung durch das damalige Bilanzrichtliniengesetz (BiRiLiG) ab 01.01.1986 eingeführt und ab 2009 (*freiwillige Anwendung*) bzw. ab 2010 (*verbindliche Anwendung*) erst durch das Bilanzrechtsmodernisierungsgesetz (BilMoG) verändert:

Aktiva:

A. Anlagevermögen:
I. Immaterielle Vermögensgegenstände:
1. Selbst geschaffene gewerbliche Schutzrechte und ähnliche Rechte und Werte;
2. entgeltlich erworbene Konzessionen, gewerbliche Schutzrechte und ähnliche Rechte und Werte sowie Lizenzen an solchen Rechten und Werten;
3. Geschäfts- oder Firmenwert;
4. geleistete Anzahlungen
II. Sachanlagen:
1. Grundstücke, grundstücksgleiche Rechte und Bauten einschließlich der Bauten auf fremden Grund- stücken;
2. technische Anlagen und Maschinen;
3. andere Anlagen, Betriebs- und Geschäftsausstattung;
4. geleistete Anzahlungen und Anlagen im Bau; III. Finanzanlagen:
1. Anteile an verbundenen Unternehmen;
2. Ausleihungen an verbundene Unternehmen;
3. Beteiligungen;
4. Ausleihungen an Unternehmen, mit denen ein Beteiligungsverhältnis besteht;
5. Wertpapiere des Anlagevermögens;
6. sonstige Ausleihungen.
B. Umlaufvermögen:
I. Vorräte:
1. Roh-, Hilfs- und Betriebsstoffe;
2. unfertige Erzeugnisse;
3. fertige Erzeugnisse und Waren;
4. geleistete Anzahlungen;
II. Forderungen und sonstige Vermögensgegenstände:
1. Forderungen aus Lieferungen und Leistungen;
2. Forderungen gegen verbundene Unternehmen;
3. Forderungen gegen Unternehmen, mit denen ein Beteiligungsverhältnis besteht;
4. sonstige Vermögensgegenstände; III.
Wertpapiere:
1. Anteile an verbundenen Unternehmen;
2. sonstige Wertpapiere;
IV. Schecks, Kassenbestand, Bundesbank- und Postgiro- guthaben, Guthaben bei Kreditinstituten.
C. Rechnungsabgrenzungsposten
D. Aktive latente Steuern
E. Aktiver Unterschiedsbetrag aus Vermögensverrechnung

Passiva:

A. Eigenkapital:
I. Gezeichnetes Kapital; II. Kapitalrücklage;
III. Gewinnrücklagen:
1. gesetzliche Rücklagen;
2. Rücklage für Anteile an einem herrschenden oder mehrheitlich beteiligten Unternehmen;
3. satzungsmäßige Rücklagen;
4. andere Gewinnrücklagen. IV. Gewinnvortrag/Verlustvortrag;
V. Jahresüberschuss/Jahresfehlbetrag.
B. Rückstellungen:
1. Rückstellungen für Pensionen und ähnliche Verpflichtungen;
2. Steuerrückstellungen;
3. Sonstige Rückstellungen.
C. Verbindlichkeiten:
1. Anleihen,
davon konvertibel;
2. Verbindlichkeiten gegenüber Kreditinstituten;
3. erhaltene Anzahlungen auf Bestellungen;
4. Verbindlichkeiten aus Lieferungen und Leistungen;
5. Verbindlichkeiten aus der Annahme gezogener Wechsel und der Ausstellung eigener Wechsel;
6. Verbindlichkeiten gegenüber verbundenen Unternehmen;
7. Verbindlichkeiten gegenüber Unternehmen, mit denen ein Beteiligungsverhältnis besteht;
8. Sonstige Verbindlichkeiten,
davon aus Steuern,
davon im Rahmen der sozialen Sicherheit.
D. Rechnungsabgrenzungsposten
E. Passive latente Steuern

Folgende Erweiterungen sind im BilMoG verankert: die Bewertung selbstgeschaffener immaterieller Vermögenswerte (neues Wahlrecht nach §248 Abs. 2 HGB), der separate Ausweis der latenten Steuern in einem eigenen Posten, der Ausweis des aktiven Unterschiedsbetrages aus Kapitalkonsolidierung und die Änderungen bei dem Ausweis der eigenen Anteile.

Dieses Schema ist nun nicht mehr nicht wie früher um zusätzliche Positionen zu erweitern; jedoch können Haftungsverhältnisse (Eventualverbindlichkeiten) bestehen, die nach wie vor separat angabepflichtig sind und insofern zu den feststehenden Bilanzpositionen hinzukommen.

Kleine Kapitalgesellschaften können bereits bei Aufstellung des Jahresabschlusses bestimmte Bilanzpositionen zusammenfassen und eine verkürzte Bilanz aufstellen (§266 Abs. 1 Satz 3 HGB). Sie haben lediglich die mit Buchstaben und römischen Zahlen bezeichneten Posten gesondert und in der vorgeschriebenen Reihenfolge zu übernehmen. Mittelgroßen Kapitalgesellschaften sind bestimmte Erleichterungen hinsichtlich der Bilanzgliederung nur im Rahmen der Offenlegung gestattet (§327 HGB).

Um die Änderungen durch das Bilanzrechtsmodernisierungsgesetz zu demonstrieren, hier zum Vergleich der alte Stand, der bis 2008 angewendet werden muss und in 2009 noch angewandt werden durfte:

Aktiva:

A. Anlagevermögen:
I. Immaterielle Vermögensgegenstände:
1. Konzessionen, gewerbliche Schutzrechte und ähnliche Rechte und Werte sowie Lizenzen an solchen Rechten und Werten;
2. Geschäfts- oder Firmenwert;
3. geleistete Anzahlungen
II. Sachanlagen:
1. Grundstücke, grundstücksgleiche Rechte und Bauten einschließlich der Bauten auf fremden Grund- stücken;
2. technische Anlagen und Maschinen;
3. andere Anlagen, Betriebs- und Geschäftsausstattung;
4. geleistete Anzahlungen und Anlagen im Bau; III. Finanzanlagen:
1. Anteile an verbundenen Unternehmen;
2. Ausleihungen an verbundene Unternehmen;
3. Beteiligungen;
4. Ausleihungen an Unternehmen, mit denen ein Beteiligungsverhältnis besteht;
5. Wertpapiere des Anlagevermögens;
6. sonstige Ausleihungen.
B. Umlaufvermögen:
I. Vorräte:
1. Roh-, Hilfs- und Betriebsstoffe;
2. unfertige Erzeugnisse;
3. fertige Erzeugnisse und Waren;
4. geleistete Anzahlungen;
II. Forderungen und sonstige Vermögensgegenstände:
1. Forderungen aus Lieferungen und Leistungen;
2. Forderungen gegen verbundene Unternehmen;
3. Forderungen gegen Unternehmen, mit denen ein Beteiligungsverhältnis besteht;
4. sonstige Vermögensgegenstände; III.
Wertpapiere:
1. Anteile an verbundenen Unternehmen;
2. eigene Anteile;
3. sonstige Wertpapiere;
IV. Schecks, Kassenbestand, Bundesbank- und Postgiroguthaben, Guthaben bei Kreditinstituten.
C. Rechnungsabgrenzungsposten

Passiva:

A. Eigenkapital:
I. Gezeichnetes Kapital; II.
Kapitalrücklage;
III. Gewinnrücklagen:
1. gesetzliche Rücklagen;
2. Rücklagen für eigene Anteile;
3. satzungsmäßige Rücklagen;
4. andere Gewinnrücklagen. IV.
Gewinnvortrag/Verlustvortrag;
V. Jahresüberschuss/Jahresfehlbetrag.
B. Rückstellungen:
1. Rückstellungen für Pensionen und ähnliche Verpflichtungen;
2. Steuerrückstellungen;
3. Sonstige Rückstellungen.
C. Verbindlichkeiten:
1. Anleihen,
davon konvertibel;
2. Verbindlichkeiten gegenüber Kreditinstituten;
3. erhaltene Anzahlungen auf Bestellungen;
4. Verbindlichkeiten aus Lieferungen und Leistungen;
5. Verbindlichkeiten aus der Annahme gezogener Wechsel und der Ausstellung eigener Wechsel;
6. Verbindlichkeiten gegenüber verbundenen Unternehmen;
7. Verbindlichkeiten gegenüber Unternehmen, mit denen ein Beteiligungsverhältnis besteht;
8. Sonstige Verbindlichkeiten,
davon aus Steuern,
davon im Rahmen der sozialen Sicherheit.
D. Rechnungsabgrenzungsposten

Die **US GAAP** (United States Generally Accepted Accounting Principles) sind die die Grundsätze ordnungsmäßiger Buchführung in den Vereinigten Staaten. Sie bilden die Basis für die Erstellung des Jahresabschlusses (financial statements).

Das Ziel der US GAAP ist die Bereitstellung von **entscheidungsrelevanten Informationen** für gegenwärtige oder potentielle Investoren. Weitere Adressaten sind unter anderem Arbeitnehmer, Lieferanten und Behörden.

Die US GAAP sind einzelfallbezogen und beruhen auf richterlicher Rechtsprechung. Sie haben keinen Gesetzescharakter erhalten aber durch die Anforderungen der SEC formell Rechtskraft.

In den Vereinigten Staaten gibt es keine allgemeine gesetzliche Pflicht zur Erstellung von Jahresabschlüssen. Unternehmer sind zwar grundsätzlich zur Buchführung verpflichtet, allerdings bestehen keine spezifischen Regelungen. Daher stellen viele Unternehmen nur eine Ausgaben-Überschuss Rechnung auf, die den steuerlichen Vorschriften entspricht.

Allerdings **fordert die SEC** die Prüfung und Offenlegung der Jahresabschlüsse eines Unternehmens, deren Wertpapiere an einer von Ihr beaufsichtigten Börse (z.B. NYSE oder NASDAD) emittiert und/oder gehandelt werden. Damit sind für diese Unternehmen die **US GAAP verpflichtend** anzuwenden.

steht aus:

- der **Bilanz** (statement of financial position)

- der **Gewinn- und Verlustrechnung** (Statement of Earnings)

- der **Kapitalflussrechnung** (Statements of Cash Flows)

- der **Eigenkapitalveränderungsrechnung**

- und den **Anhangs Angaben** sowie Erläuterungen (notes)

Der US amerikanische Jahresabschluss (financial statements) besteht aus der Bilanz (Financial position), der GuV (Earnings), der Kapitalflussrechnung (Cash flows), der Eigenkapitalveränderungsrechnung und den Anhangs Angaben und Erläuterungen (notes).

Das **Conceptual Framework** soll eine übergreifende theoretische Basis und Grundlage für die Entwicklung von neuen Standards zur Verfügung stellen. Das Framework ist allerdings **nicht** verbindlich. Bisher wurden sieben SFAC entwickelt. SFAC 4 bezieht sich auf nicht geschäftliche Unternehmen (non-business enterprises) und SFAC 3 wurde durch SFAC 3 ersetzt.

Konvergenz US-GAAP und IAS / IFRS

SEC
schäftsjahre erlaubt, dass für nicht US Gesellschaften die in den
USA registriert sind (**foreign private issuer**) einen Abschluss
nach IFRS aufstellen können, **ohne Überleitungsrechnung** auf
US GAAP. Ein solcher Abschluss muss die IFRS Standards ein-
halten.

Hierdurch wird es auch wahrscheinlich, dass in Zukunft auch **US
Gesellschaften** für die SEC Berichtspflichten **IFRS Abschlüsse**
einreichen dürfen. Möglicherweise wird die Anwendung der
IFRS durch die SEC sogar ab 1015 verpflichtend vorgeschrieben.

Aktueller Stand des Memorandum of Understanding (MoU):

Nach ihrem gemeinsamen Treffen im September 2002 haben der
IASB und der FASB das Norwalk Agreement herausgegeben.
Dabei wurde das Ziel bekräftigt, gemeinsam an der Entwicklung
von qualitativ hochwertigen, zueinander konsistenten Rechnungs-
legungsstandards zu arbeiten, die sowohl national als auch international angewendet werden können.

Dabei haben der FASB und der IASB beschlossen, zusammen

- ihre bestehenden Rechnungslegungs-Standarts so bald wie
  möglich vollständig konsistent zu machen und

- die zukünftigen Projekte gemeinsam zu koordinieren um
  die erreichte Konvergenz beibehalten zu können.

- Der Versuch, bereits bestehende Standards zu harmonisieren, bei denen erheblicher Anpassungsbedarf besteht, ist nicht effizient. Stattdessen sollte in diesen Fällen ein gemeinschaftlicher Standard **neu entwickelt** werden, der gezielt auf die Informationsbedürfnisse der Anteilseigner eingeht.

- Den Informationsbedürfnissen der Anteilseigner gerecht zu werden, bedeutet dass die Boards Konvergenz erreicht wird durch das Ersetzen von überarbeitungsbedürftigen Standards durch gemeinsam entwickelte.

Durch die Fortschritte, die die beiden Boards bis 2007 erreicht haben und aufgrund anderer Faktoren, hat die SEC **das Erfordernis einer Überleitungsrechnung** auf die US GAAP für nicht US Gesellschaften die in den USA registriert sind, aufgehoben. Dies gilt insoweit, als diese Gesellschaften die IFRS in der vom **IASB herausgegebenen Fassung verwenden.** Im Gegenzug soll für US Gesellschaften, die in Europa registriert sind, eine Überleitung auf die IFRS entfallen.

Hauptpunkte

- Konsolidierung von Leasinggeschäften (Consolidation Leases)

- Verbesserung der Rechnungslegung Standards
- Förderung der Unabhängigkeit und Finanzierung der International Accounting Standards

  Committee Foundation.

- Verbesserung von Interaktiven Verfahren (z.B.XBRl) zur IFRS Rechnungslegung.

- Ausbildung und Training für IAS/IFRS in den Vereinigten Staaten

- Eingeschränkte frühere Anwendung für bestimmte US Gesellschaften ab 2010.

- Abhängig von den Schritten 1-5 wird die SEC 2011 die weiteren Schritte entscheiden.

- Mögliche verpflichtende Einführung

Corporate Governance

- Corporate Governance umfasst das gesamte System der Leitung und Überwachung eines Unternehmens, einschließlich seiner Organisation, seiner Werte und geschäftspolitischen Grundsätze und Leitlinien sowie der internen und externen Kontroll- und

wird als "Soft Law" eingestuft. Rechtliche Verbindlichkeit erlangen die Empfehlungen des Kodex indes durch die Entsprechens Erklärung nach §161 AktG:

- *(1) Vorstand und Aufsichtsrat der börsennotierten Gesellschaft erklären jährlich, dass den vom Bundesministerium der Justiz im amtlichen Teil des Bundesanzeigers bekannt gemachten Empfehlungen der „Regierungskommission Deutscher Corporate Governance Kodex" entsprochen wurde und wird oder welche Empfehlungen nicht angewendet wurden oder werden und warum nicht. Gleiches gilt für Vorstand und Aufsichtsrat einer Gesellschaft, die ausschließlich andere Wertpapiere als Aktien zum Handel an einem organisierten Markt im Sinn des § 2 Abs. 5 des Wertpapierhandelsgesetzes ausgegeben hat und deren ausgegebene Aktien auf eigene Veranlassung über ein multilaterales Handelssystem im Sinn des § 2 Abs. 3 Satz 1 Nr. 8 des Wertpapierhandelsgesetzes gehandelt werden.*
- *(2) Die Erklärung ist auf der Internetseite der Gesellschaft dauerhaft öffentlich zugänglich zu machen.*

- Dem Kodex liegt das Prinzip des "comply or explain" zugrunde. Danach müssen die Empfehlungen und Anregungen zwar nicht beachtet werden, Abweichungen von den Empfehlungen müssen aber in der Entsprechens Erklärung verlautbart und – entsprechend dem

IFRS / IAS

Was ist IFRS / IAS?

Das Bedürfnis nach internationaler Vergleichbarkeit der Rechnungslegung ist keineswegs neu. Bereits 1973 wurde das International Accounting Standards Committee (IASC) als privatrechtlicher Verein nationaler Verbände von Rechnungslegern und Wirtschaftsprüfern, mit Sitz in London gegründet. Über viele Jahre führte das IASC ein kaum beachtetes Schattendasein, bis die Europäische Union im Jahr 2000 beschloss, bei der Fortentwicklung von Rechnungslegungsvorschriften mit dem IASC zusammen zu arbeiten.

Im Jahr 2001 erfolgte eine Umstrukturierung des IASC und die Umbenennung in IASB (International Accounting Standards Board). Sämtliche bis dato vom IASC verabschiedeten International Accounting Standards (IAS) behielten zunächst ihre

Interpretationen seitens der IFRS-Anwender und somit einer inhaltlichen Verbindung der einzelnen IFRS. Zudem unterbreitet das IFRS Interpretations Committee aufgrund seiner Erfahrungen mit Umsetzungsproblemen dem IASB Vorschläge zur Verbesserung einzelner Standards.

Der erste IFRS wurde im Juni 2003 vom IASB veröffentlicht (IFRS 1 *Erstmalige Anwendung der International Financial Reporting Standards*). Weitere Standards werden laufend vom IASB verabschiedet. Damit diese gesetzliche Wirkung entfalten, übernimmt die Europäische Kommission die Standards in einem so genannten Endorsement-Prozess (Komitologie-Verfahren). Eine Überführung in nationales Recht ist nicht erforderlich, da die EU-Verordnungen unmittelbar für alle Mitgliedstaaten der Europäischen Union gelten.

Die wesentlichen Veränderungen, die bei einer Umstellung auf IFRS zu erwarten sind, lassen sich am besten verstehen, wenn man sich den grundlegenden Unterschied in der Zielsetzung

nicht durch Aspekte der Vorsicht und der Risikovorsorge einge-
schränkt werden soll.

Die unterschiedlichen Grundprinzipien der Rechnungslegung
nach HGB und IFRS haben erhebliche Bilanzierungs- und Be-
wertungsunterschiede zufolge. Einige Beispiele:

- Der Goodwill aus Unternehmenserwerben ist nach IFRS
  zwingend zu aktivieren und nur bei Wertminderung ab-
  zuschreiben. Bei einer Aktivierung nach HGB ist eine
  planmäßige Abschreibung vorgeschrieben.

- Beim Ansatz selbst erstellter immaterieller Wirtschaftsgüter des Anlagevermögens besteht mit einigen Aus-
  nahmen nach HGB ein Aktivierungswahlrecht – nach
  IFRS besteht unter bestimmten Voraussetzungen An-
  satzpflicht (z.B. Entwicklungskosten).

- Die fortgeführten Anschaffungs- bzw. Herstellungskosten stellen nach IFRS bei vielen Vermögenswerten nicht

sprechenden Voraussetzungen vorliegen.

- Für einen aktiven Überhang an latenten Steuern besteht nach HGB ein Aktivierungswahlrecht – nach IFRS (insbesondere auch auf steuerliche Verlustvorträge) besteht eine Aktivierungspflicht.

- Nach IFRS sind alle Arten von Aufwandsrückstellungen verboten.

Diese Beispiele zeigen die Tendenz eines höheren Eigenkapitalausweises durch Verhinderung der Bildung von stillen Reserven und durch – gegenüber dem deutschen Handelsrecht – frühere Gewinnrealisierung.

In einer 2011 durchgeführten Untersuchung bei deutschen kapitalmarktorientierten Unternehmen haben sich die beschriebenen Auswirkungen der Umstellung bestätigt:

Bilanzposition / Kennzahl	Mittelwert der Veränderung
Anlagevermögen	+26%
Immaterielle Vermögensgegenstände	+37%
Geschäfts- und Firmenwerte	+112%
Sonstige immaterielle Vermögensgegenstände	+43%
Sachanlagen	+25%
Finanzanlagen	+2%
Umlaufvermögen	+1%
Vorräte	+1%
Forderungen aus Lieferungen u. Leistung	+2%
Fremdkapital	+11%
Verbindlichkeiten	+37%
Rückstellungen	-15%
Pensionsrückstellungen	+35%
Sonstige Rückstellungen	-30%
Jahreserfolg (GuV)	+27%
Eigenkapitalquote	+16%

Quelle: Coenenberg et al. (2011); in: KoR, S.133ff.

Umbenennung der IAS in IFRS

Zu einiger Verwirrung hat die "Umbenennung" der IAS in IFRS geführt. Der neue hauptamtliche Board hat sich entschieden, die von ihm verabschiedeten Standards IFRS zu nennen. In zeitlicher Betrachtung gilt daher:

- IAS sind die vom IASC verabschiedeten, weiterhin gültigen Standards.

Wer muss nach IFRS / IAS bilanzieren?

Am 19. Juli 2002 haben das Europäische Parlament und der Rat der Europäischen Union die Verordnung Nr. 1606/2002 (sog. IAS-Verordnung) erlassen. Danach haben kapitalmarktorientierte Unternehmen seit 2005 ihre Konzernabschlüsse nach den Vorschriften der IFRS aufzustellen. Kapitalmarktorientierte Unternehmen im Sinne der IAS-Verordnung sind Mutterunternehmen, deren Wertpapiere (Aktien und/oder Schuldverschreibungen) zum Handel an einem organisierten Kapitalmarkt innerhalb der Europäischen Union zugelassen sind.

Neben der verpflichtenden Anwendung von IFRS im Konzernabschluss wurde den Mitgliedstaaten das Wahlrecht eingeräumt, die Anwendung der IFRS auf Einzelabschlussebene bzw. auf Konzernabschlussebene für nicht kapitalmarktorientierte Unternehmen entweder zu gestatten oder gar zwingend vorzuschreiben.

In Deutschland wurde durch das im Dezember 2004 verabschiedete Bilanzrechtsreformgesetz (BilReG) u.a. diese IAS-Verordnung in nationales Recht umgesetzt. Durch Einfügung des §

gen ein IFRS-Einzelabschluss an die Stelle des traditionellen HGB-Abschlusses treten kann. Das Unternehmen wird damit in die Lage versetzt, sich seinen Geschäftspartnern mit einem auf Informationszwecke zugeschnittenen, international "lesbaren" Abschluss zu präsentieren. Für Zwecke der Ausschüttungsbemessung und der Besteuerung ist aber auch weiterhin ein HGB-Einzelabschluss aufzustellen. Unternehmen, die sich entscheiden auf IFRS umzustellen, werden also auf Einzelabschlussebene auf längere Zeit zweigleisig fahren müssen.

Die (freiwillige) Umstellung der Rechnungslegung auf IFRS kann z.B. für solche Unternehmen von Interesse sein, die sich auf den Gang an die Börse vorbereiten oder deren Banken für das Rating einen Abschluss nach IFRS erwarten. Des Weiteren können die Orientierung an den Informationsbedürfnissen der shareholder oder die Vereinheitlichung des internen Konzernreportings Motive für die Umstellung auf IFRS sein.

- Stufe 3: ein Framework, in dem Ziele und Anforderungen der Rechnungslegung beschrieben sowie die Elemente der Rechnungslegung (insbesondere Aktiva, Passiva, Erträge und Aufwendungen) definiert werden.

Hierbei gehen die IFRS / IAS und die IFRIC / SIC als speziellere Regelungen im Konfliktfall dem Framework vor (Quelle: Lüdenbach, IAS / IFRS, 6. Aufl., 2010, Freiburg i.Br.).

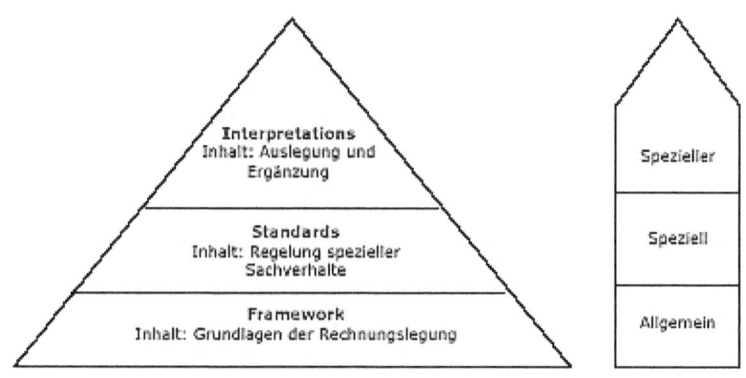

(Quelle: Buchholz, Internationale Rechnungslegung, 2. Aufl. 2001, Bielefeld)

Wie entstehen die Standarts?

Für den Entwurf neuer IFRS und die Revision eines bestehenden IAS bzw. IFRS ist ein formalisiertes Verfahren, der *standard setting process* oder *due process*, vorgesehen, in dem die interessierte Fachöffentlichkeit Gelegenheit zur Stellungnahme hat.

Am Anfang dieses Standardisierungsprozesses steht als Diskussionspapier ein Draft Statement of Principles. Dieses Diskussionspapier steht mindestens vier Monate zur öffentlichen Diskussion. Die interessierte Fachöffentlichkeit hat dann Gelegenheit, dieses Papier in einem *comment letter* zu kommentieren.

Anschließend folgt auf Basis der eingegangenen Stellungnahmen ein Entwurf des späteren Standards (Exposure Draft), der wiederum zur Kommentierung veröffentlicht wird. Nach Auswertung und Prüfung der zu dem Exposure Draft eingegangenen Stellungnahmen erfolgt dann die Verabschiedung des endgültigen Standards. Gegebenenfalls erfolgt bei sehr starken Einwendungen teilweise eine überarbeitete Entwurfsfassung (*re-exposure*), bevor

	HGB	IFRS	IFRS for SMEs
Grundlagen			
Normensetzende Instanz	• nationaler Gesetzgeber • oberste Gerichte (BFH; BGH)	• internationale private Rechnungslegungs- institution (IASB) • EU im Rahmen des *endorsements*	siehe IFRS
Rechnungslegungsziele	• Informationsfunktion, Steuerbemessungs- funktion sowie Aus- schüttungsbemessung • Gläubigerschutz	Vermittlung von Informatio- nen für Investoren *(decision usefulness)*	siehe IFRS
Dominierender Rech- nungslegungsgrundsatz	Vorsichtsprinzip (Konkreti- sierung durch Realisations- und Imparitätsprinzip)	*accrual principle* (perioden- gerechte Gewinnermittlung)	siehe IFRS
Verbindung von Handels- und Steuerbilanz	Prinzip der Maßgeblichkeit	keine	siehe IFRS
Bestandteile des Abschlusses	Einzelabschluss: Bilanz, GuV, Anhang und größenabhängig - bzw. ob am Kapitalmarkt gehandelt - ein Lagebericht Konzernabschluss zusätzlich: Kapitalflussrechnung, Eigen- kapitalspiegel und (Wahl- recht) Segmentbericht	Bilanz, Gesamtergebnis- rechnung, Eigenkapitalspie- gel, Anhang, Kapitalfluss- rechnung und ggf. ein Seg- mentbericht sowie einen nach deutschen Rech- nungslegungsgrundsätzen aufzustellenden Lagebericht (§ 315a HGB)	Im Allgemeinen ähnlich zu IFRS, jedoch mit möglichen Einschränkungen
Immaterielle Vermögensgegenstände			
Aktivierung von selbst erstellten immateriellen Vermögensgegenständen (i.H.d. Entwicklungskos- ten)	Wahlrecht, Verbot sofern Forschungs- und Entwick- lungskosten sich nicht von- einander trennen lassen; Ausschüttungssperre i.H.d. aktivierten selbst geschaffe- nen immateriellen Vermö- gensgegenstände des Anla- gevermögens	Pflicht, sofern bestimmte Kriterien erfüllt sind, sonst Verbot	Verbot
Abschreibung Geschäfts- oder Firmenwertes	planmäßige Abschreibung (i.d.R. über fünf Jahre)	*Impairment only approach* (jährliche Prüfung auf Wertminderung)	planmäßige Abschreibung, wenn Nutzungsdauer nicht bestimmbar über zehn Jahre

	HGB	IFRS	IFRS for SMEs
Sonstiges Anlagevermögen			
Neubewertung oberhalb der (fortgeführten) AHK	Verbot beim Anlagevermögen	zulässig	keine Neubewertung zulässig
Finanzierungsleasing	Zurechnung beim Leasingnehmer i.H.d. AHK des Leasinggebers	Zurechnung beim Leasingnehmer zum niedrigeren Wert aus Fair Value des Leasinggegenstands oder dem Barwert der Mindestleasingzahlungen	siehe IFRS
Zur Veräußerung gehaltene langfristige Vermögenswerte	keine expliziten Regelungen	bei Erfüllung bestimmter Kriterien Bewertung zum niedrigeren Wert von Buchwert und Fair Value abzgl. Verkaufskosten; gesonderter Ausweis in der Bilanz	allgemeine Regeln greifen; Verkaufsabsicht führt zu Wertminderungstest
Umlaufvermögen			
Vorräte	Bewertung zu AHK oder niedrigeren Wert; FIFO, LIFO und Durchschnittsmethode zulässig	niedrigeren Wert aus AHK und Nettoveräußerungswert zu bewerten; ausschließlich FIFO und Durchschnittsmethode zulässig	siehe IFRS; außer Bewertung, niedrigeren Wert aus AHK und Verkaufspreis abzgl. Verkaufs- und Fertigstellungskosten
Langfristige Fertigungsaufträge	*completed contract method*; Teilgewinnvereinnahmung verboten (Realisationsprinzip)	*percentage of completion method*, sofern verlässliche Schätzungen vorliegen	siehe IFRS
Rückstellungen			
Ansatz von Rückstellungen	Rückstellungsbildung auch unterhalb einer Wahrscheinlichkeit von 50% möglich	Mindestwahrscheinlichkeit für die Inanspruchnahme i.H.v. 51% muss gegeben sein	siehe IFRS
Bewertung von Rückstellungen	mit dem nach vernünftiger kaufmännischer Beurteilung notwendigen Erfüllungsbetrag; Abzinsung von Rückstellungen mit einer Restlaufzeit von mehr als einem Jahr mit dem durchschnittlichen Marktzinssatz der vergangenen sieben Geschäftsjahre	wahrscheinlichster Wert der Inanspruchnahme und Abzinsung auf Grundlage eines Marktzinses zum Stichtag, sofern Zinseffekt wesentlich	siehe IFRS

	HGB	IFRS	IFRS for SMEs
Aufwandsrückstellungen	Verbot, mit den in §249 Abs. 1 HGB genannten Ausnahmen	Verbot	siehe IFRS
Pensionsrückstellungen	sofortige und gänzliche sowie ergebniswirksame Berücksichtigung von Zu- und Abführungen; verwendete Methoden Teilwertverfahren und Projected Unit Credit Method (PUCM); Abzinsung kann auch pauschal über 15 Jahre erfolgen	versicherungsmathematische Gewinne und Verluste können ergebniswirksam (teilweise verzögert oder sofort gänzlich) oder ergebnisneutral (sofort gänzlich) erfasst werden (bald nur noch ergebnisneutral); einzig zulässige Bewertungsmethode ist PUCM	ähnlich wie IFRS
Latente Steuern			
Aktivierung aktiver latenter Steuern	Wahlrecht zur Erfassung eines aktiven Überhangs	Pflicht	siehe IFRS
Saldierung von passiven und aktiven latenten Steuern	Wahlrecht	Pflicht, sofern Voraussetzungen erfüllt	siehe IFRS
Sonstiges			
Aktivierung von Finanzierungskosten	Wahlrecht	Pflicht, sofern es sich um qualifizierte Vermögenswerte handelt und die Kosten direkt zurechenbar sind	Verbot
Segmentberichterstattung	Wahlrecht im Konzernabschluss	Pflicht für kapitalmarktorientierte Unternehmen	keine Regelungen
Earnings per Share	keine speziellen Regelungen	Angaben zu earnings per share sind zu machen, sofern die Aktien öffentlich gehandelt werden	keine Regelungen

$$enge\ Fassung = \frac{\text{Eigenkapital}}{\text{Anlagevermögen}}$$

$$erweiterte\ Fassung = \frac{\text{Eigenkapital} + \text{langfr. Fremdkapital}}{\text{Anlagevermögen}}$$

$$weite\ Fassung = \frac{\text{Eigenkapital} + \text{langfr. Fremdkapital}}{\text{Anlagevermögen} + \text{Vorräte}}$$

Anmerkungen:

Als Zielwert kann 1 angenommen werden, aber in der Regel werden branchentypische Werte zum Vergleich genommen. Die drei Auffassungen der goldenen Bilanzregel entsprechenden Deckungsgraden I-III.

Bilanzfälschung und -manipulation

Die Bilanzfälschung respektive Bilanzverschleierung dient in erster Linie der illegalen "Schönfärberei" des wirtschaftlichen status quo eines Unternehmens aus verschiedensten Beweggründen heraus.

Geht es etwa um die Erlangung eines Steuervorteiles oder Kredites, oder wird eine Fusion, Übernahme oder der Verkauf eines Unternehmens beabsichtigt, so ist die nach außen gerichtete geschönte Darstellung der Unternehmenswerte geeignet, höchstmögliche Gewinne zu Gunsten des bzw. der Delinquenten zu erzielen.

Falsche Darstellungen

Wenn von Bilanzfälschung oder -verschleierung bei Kapitalgesellschaften gesprochen wird, dann ist § 331 Handelsgesetzbuch (HGB) die zentrale Norm außerhalb des Strafgesetzbuches (StGB) zur Beurteilung unrichtiger bzw. unklarer Darstellungen.

Zu den in § 331 HGB angesprochenen Darstellungen zählen u.a.

- die Eröffnungsbilanz, gem. § 242 I HGB
- die Bilanz, gem. § 242 I HGB
- die Gewinn- und Verlustrechnung, § 242 II HGB
- der Anhang, 264 I HGB
- der Lagebericht, § 289 HGB
- etc..